ニュースの裏側がよくわかる

イスラム世界の人生相談

西野正巳＝編訳

不可思議に見えて自然なイスラム社会●まえがきにかえて

「イスラム教、あるいはイスラム教徒という言葉を聞くと、皆さんは何を思い浮かべますか?」

私は大学で年度初めの授業を行う際、学生にこのような質問を行うことがある。返ってくる答えは、「豚を食べず、酒を飲まない」、「一日中礼拝ばかりしている」、「妻を四人持ってよい」、「暴力的でテロをよく起こす」など、様々だ。だが大半の回答からは、「イスラム教徒とは宗教上の規則を厳格に守る、お堅い人々である」という学生たちの共通認識が透けて見える。

実際、日本で普通に暮らしてテレビや新聞のニュース報道に接していると、イスラム教は非常に厳格で、時としてやや不寛容な宗教に見えるのかもしれない。たとえば最近では二〇〇六年一月、預言者ムハンマドの風刺画がデンマークの新聞に掲載されたことに対する大規模な抗議行動を全世界のイスラム教徒が行い、一部では死傷者まで発生するという事件があった。

この事件で何が問題になったのかを説明すると、まずイスラム教徒の大多数を占めるスンニ派は、預言者ムハンマドの肖像を描くことを認めていない。預言者ムハンマドを侮辱する風刺画を描くことはもちろん禁止されているが、それ以前に預言者ムハンマドのすばらしさをアピールするような肖像画だったとしても、描くことは禁止されている（他方、イスラム教徒全体の約10％を占めるシーア派は、預言者ムハンマドらの肖像画を描くことを認めている。たとえば国民の大半がシーア派信徒であるイランでは、預言者ムハンマドやその娘婿アリーらの肖像画が広く出回っている）。さらに言うと、神の姿を描くことはイスラム教のすべての宗派で厳禁されている。

風刺画への抗議デモに参加したイスラム教徒は、まず預言者ムハンマドの姿が絵として描かれたことに対して怒り、さらにその絵が預言者ムハンマドを侮辱する風刺画であったことに対して怒ったのだ。そして、その風刺画がキリスト教徒の画家によって描かれ、キリスト教（徒が国民の大多数を占める）国の新聞に掲載されたことが、怒りにいっそう拍車をかけた。

その後、怒ったイスラム教徒の要求は、平均的な日本人の感覚ではやや奇妙な方向に向かった。抗議行動に加わったイスラム教徒が掲げた要求のうち、デンマーク製品のボイコットやデンマークとの国交断絶は、「坊主憎けりゃ袈裟まで憎い」の理屈で、日本人にも十分理解できるだろう。しかし、イスラム教徒がデンマーク政府の公式謝罪や（デンマークなどヨーロッパ各国における）イスラム教の侮辱を禁止する法律制定を要求したことに関しては、「なぜそのような要求が出るのか」と違和感を抱いた日本人は多いと思われる。

このような要求が出された背景には、抗議デモの中心地となった中東諸国では大半の新聞が政府の監督下に置かれていることがある。これらの国々では、新聞が政府から独立した立場で自由な報道を行うことは極めて稀だ。新聞は基本的に、政府の意に添う形で提灯《ちょうちん》持ちの報道を行っている。

たとえば、私が以前暮らしたエジプトでは、主要各紙一面のトップ記事はほぼ毎日、国家元首であるムバラク大統領に関する報道だった。「ムバラク大統領、外遊へ」など一面トップでもおかしくない記事もあったが、「外国の新聞社がムバラク大統領を取材」、「ムバラク大統領が労働者を激励」といった、なんでこんなものが一面なのか首をかしげたくなる記事も多かった。

だが、これは「言論の自由が保障された状況下で、新聞各紙は読者のニーズに合わせた報道を行う」日本や欧米諸国と、「言論の自由が大幅に制約された状況下で、新聞各紙は政府の意に添う報道を行う」中東諸国との違いなのだ。エジプトの新聞は、「読者は大統領のすべてを知りたくてたまらないはず」と確信してこんな報道を行っているのではない。「大統領の偉大さを宣伝せよ」とエジプト政府から暗黙の指示を受けているから、このような報道を行っているのだ。

そして、この種の新聞報道に慣れた結果、中東諸国の多くの人々は「(デンマークを含め、全世界のどの国でも) 新聞はその国の政府の意向を反映している」と信じ込んでいる。つまり、デンマーク政府に公式謝罪を要求した中東諸国のイスラム教徒は「デンマーク紙に掲載された風刺画は同国政府の意向を反映していた」、さらに踏み込んで言うと、「デンマーク政府が同紙に風刺画の掲載を指示した」と誤解していた可能性が高い。

次に、抗議デモに参加した中東諸国のイスラム教徒がデンマークなどヨーロッパ諸国に対して、イスラム教の侮辱を禁止する法律の制定を要求した背景を説明したい。既述のように、大半の中東諸国では言論の自由は存在しない。イスラム教を批判することは当然禁止だが、それに加えて、自国の政治指導者を批判することも厳しく禁じられている。万一、大統領や国王を批判する記事を新聞に寄稿すれば、その記事の執筆者は直ちに逮捕されるだろう。

そのような環境に暮らす中東諸国のイスラム教徒は、言論の自由の存在など信じていない。逆に彼らは、「言論の自由はあくまで一定の枠内において保障される」、「言論の自由が及ばない領域が確固として存在する」と考えている。そして彼らの認識では「イスラム教に対する侮辱や批判」は、「言論の自由が及ばない領域」に属する。

また、彼らは「自分たちの国々には言論の自由が存在しないが、欧米諸国には言論の自由が存在する」とは必ずしも考えていない。むしろ彼らは「自分たちの国々にも、欧米諸国にも、どちらにも言論の自由は存在しない」と考えている可能性が高い。実際、今回の風刺画事件をめぐる騒動の中で、イスラム教徒のある論客は「ヨーロッパ諸国では、ナチスによるユダヤ人虐殺を作り話とみなす言論は法律で禁止されている。つまり彼らも、言論の自由を無制限には認めていない。だからヨーロッパ諸国は、ユダヤ人虐殺を作り話とみなす言論に加えて、イスラム教やその預言者ムハンマドを侮辱する言論も法律で禁止すべき」と唱えていた。

そして、こうした論客の意見を援護射撃すべく、二〇〇六年二月に英国人右派歴史家がユダヤ人大量虐殺の信憑性を疑った容疑でオーストリアにて有罪判決を受けた際、中東諸国のマスコミは「この判決は、ヨーロッパ諸国にも無制限な言論の自由は存在しないことを証明した」と大々的に報じた。この時、「実際にはナチスによるユダヤ人大量虐殺を作り話とみなす言論を禁止する法律は、ヨーロッパ諸国すべてではなく、オーストリアなど旧ナチス・ドイツの中心国のみに存在する」ことや、「ヨーロッパ諸国には、ユダヤ人大量虐殺を作り話とみなす自由も含めた意味で、言論の自由の貫徹を求める人々も多数存在する」ことに言及した中東諸国のマスコミは、ほぼ皆無だった。

さらに、「預言者ムハンマドの風刺画を掲載したデンマーク紙は、イエス・キリストの風刺画の掲載を拒否していた」との情報が伝わると、これらのマスコミは「要するに、キリスト教国であるヨーロッパ諸国は言論の自由のダブル・スタンダードを用いており、イスラム教を侮辱する言論の自由を認める一方で、キリスト教を侮辱する言論の自由は認めていない」との趣旨の報道を行った。もちろん、問題のデンマーク紙に限って言えば、その指摘は正しい。だが、中東諸国でこうした報道がなされた際、「ヨーロッパではキリスト教の風刺や批判も、おおっぴらに行われていること」が指摘されることはほとんどなかった。

以上をまとめると、中東諸国の大半のイスラム教徒は「イスラム教を批判する言論の自由」を認めていない。また彼らは、「実際には言論の自由を無制限に認める国など存在せず、どの国も言論の自由に一定の制約を設けているはず」と考えている可能性が高い。そのため彼らは、自分たちの当然の権利として、「イスラム教の侮辱を禁止する法律の制定」をヨーロッパ諸国に要求したのだ。

今回の事件について、私は個人的には、イエス・キリストの風刺画掲載を拒んだ一方で預言者ムハンマドの風刺画を掲載したデンマーク紙の対応には、大きな問題があったと思う。しかし、抗議行動を行った中東諸国のイスラム教徒の側にも、もう少し他者への理解を深める努力や、他者への寛容さがあるべきだとも思う。たとえば今回、中東諸国のイスラム教徒は外国の新聞紙上にて預言者ムハンマドが侮辱されたことに強く反発した。だが、中東諸国ではイスラム教徒が執筆したユダヤ教やキリスト教を侮辱している（と私には思える）著作を実によく目にする。しかし、風刺画抗議デモに参加したイスラム教徒が、自分たちによる他宗教批判を戒める主張を行うことはなかった。

また現在、イスラム教徒は他者からの批判に対してやや過敏に反応している面があることは否めない。今回の風刺画事件もそうだが、二〇〇五年に「グアンタナモ米軍基地で看守がイスラム教徒囚人のコーランをトイレの便器に放り込んだ」と報じられた時も、また二〇〇一年に日本の富山県でコーランが破られる事件が起きた際も、イスラム教徒は激しい抗議行動を行った。もちろん、聖典であるコーランを破ったりトイレに放り込んだりしてよいはずがない。

しかし、あのナポレオンが一七九八年にエジプトを占領した際、配下のフランス軍兵士はコーランを破いてトイレットペーパーとして使用していたのだ。その時、エジプトのイスラム教徒はコーランをトイレットペーパーとして用いる彼らを見て、その野蛮人ぶりを嘲笑していた一方、怒って過激な抗議行動をとることはなかったと聞く。おそらく当時のイスラム教徒には、コーランで尻を拭くフランス兵を上から見下してバカにしていられるほどの、心のゆとりがあったのだろう。私としては、イスラム教徒が再びこのような度量の広さを取り戻してくれることを願ってやまない。

さて、以上で紹介したような事件報道ばかりを目にすると、読者も「イスラム教徒は皆、宗教上の規則を厳格に守る、お堅い人々である」との印象を持ってしまうかもしれない。実際、お堅いイスラム教徒が大勢いることは私も否定しない。しかしイスラム教徒は全世界に一〇億人以上いるわけであり、その中にはいろいろな人が存在する。

私の直接知る範囲でも、豚肉と酒をこよなく愛するイスラム教徒もいれば、一日五回行うはずの礼拝を、ほとんど一度も行ったことがないようなイスラム教徒もいる。そして面白いことに、そのようなイスラム教徒でも、イスラム教徒としての信仰心を保持しており、

「イスラム教徒として正しく生きたい」と望んでいたりもするのだ。

本書は、イスラム教徒として正しく生きることを望む一般イスラム教徒が、学識あるイスラム教徒（イスラム法学者）に寄せた様々な相談・質問を収録したものだが、その中には、「シースルーの服を着たまま礼拝を行ってよいでしょうか」と質問した女性もいる。シースルーの服を着て礼拝など、なんと不謹慎なとは思うが、逆に、そのような過激なファッションの人も、正しいイスラム教徒でありたいと願っているのだ。

本書を通じて、必ずしもお堅くないが、その一方で誠実に生きようと日々努力するイスラム教徒の姿について多少なりとも知って頂くことができたならば、訳者としては、それに過ぎる喜びはない。

二〇〇六年三月

西野　正巳

目次

イスラム世界の人生相談

第2章 悩み事なんでも相談

第4章 夫婦のセックスと離婚についての悩み

イスラムを読み解くキーワード

第6章 イスラム教徒の酒、肉、食生活の悩み

第1章

日本人へのイスラム教の布教

日本で暮らすイスラム教徒からの質問

Q.

私たちは、日本に移住して暮らしているイスラム教徒です。私たちは日本の様々な組織や会社に勤務しています。職場の同僚や上司、近所の友人たちは折々の機会にパーティーを開き、私たちを招待してくれます。この招待に応じることは、彼らとの友情を深めるうえでも、彼らにイスラム教を広めるうえでも、望ましいことであると考えています。でも問題は、パーティーを開いた人たちが、招待されてきた人びとにお酒を勧めることです。彼らは、客人にお酒を勧めることは歓迎のしるしと考えているのです。もっとも彼らは、私たちがお酒を飲まないことを知っており、私たちにはお酒を勧めません。彼らは私たちの価値規範や感情を尊重してくれています。しかし私たちがこうしたパーティーに出席すると、必然的にお酒が出されているテーブルに着席することになります。イスラム教では、こうしたパーティーに参加することは許されるのでしょうか、それとも、禁止されるのでしょうか？　パーティーに参加することには、友人や同僚との友情を深めるというメリットがあります。でも預言者ムハンマドは「神と最後の審判の日を信じる者は、酒が出されるテーブルに着席することはない」と述べています。この問題について、お答え頂けないでしょうか？

A

お答えしましょう。イスラム教で禁止されているものは、いくつかの種類に分類されます。

一番目は、いかなる状況でも絶対に禁止されるものです。たとえばコーランには「あなたたちは自分の母親、娘、姉妹、おば、姪たちと結婚することを禁じられる」と記されていますが、この禁止は絶対的なものであり、どんな時も、いかなる状況下でもこの禁止が解除されることはありません。人は自分の母親や娘や姉妹やおば、姪などとは絶対に結婚してはならないのです。このことは既に確定しています。

二番目は、必要な場合を除いては禁止されるものです。たとえばコーランには「あなたたちは死肉（病死、自然死した動物の肉）、血、豚肉、神以外に捧げられた肉を食べてはならない。しかし故意に食べたのではない場合や、それを食べざるを得なかった場合には、食べたとしても罪にはならない。神は寛容にして慈悲深いお方である」と記されています。これら四種類の食べ物は、それを食べる必要がある場合以外には、食べることを禁止されます。つまり、食べる必要がある場合には、食べても構わないのです。なお、ここでの〝食べる必要がある場合〟とは、他に食べ物が何もない場合、それを食べないと死んでしまう場合のことです。

三番目は、禁止されてはいるが、ある程度の必要性がある場合にはその禁止が解除されるものです。〝それ自体は本来禁止されていないが、禁止されている事柄の発生を防ぐために予防的措置として禁止されているもの〟が、この区分に該当します。

たとえば、男性が女性と二人きりになることや、煩悩を抱いた気持ちで女性をじろじろ眺めること、女性が派手な服を着て男性の視線を惹《ひ》きつけることが、これにあてはまります。

これらの行為は、それ自体は禁止されることではありません。しかし、姦通罪（夫婦間以外のセックス）という大罪が発生する事態を防止するために、これらの行為は禁止されています。

同様に、お酒を運ぶこと、お酒を注ぐこと、お酒を売ること、お酒の出されているテーブルに着席することも、それ自体は禁止されていませんが、飲酒という禁じられた行為の発生を防ぐために、予防的措置として禁止されています。

ただし、三番目の区分に属する禁止は、ある程度の必要性がある場合には禁止が解除されます。ここでの〝ある程度の必要〟とは、「他に食べ物が何もなく豚肉を食べないと死んでしまうから、やむを得ず豚肉を食べる」ような差し迫った必要より緩やかなものであり、「それがなくても死ぬことはないが、あったほうが楽」という程度のものです。禁止を解除することによって人間の苦労が軽くなる場合には、この区分に属する禁止は解除されます。

この原則に基づき、私は質問者に答えましょう。イスラム教徒が招待されたパーティーに出席し、お酒が出されたテーブルに着席することは、この三番目の区分の禁止に属します。

すなわち、お酒の出されたテーブルに着席することは、それ自体は本来禁止されていませんが、飲酒という禁止行為の発生を予防するため、このことも禁止されています。ただし、イスラム教徒が外国社会での孤立状況から脱却し、相手国の人びととの交流を深める必要がある場合、この禁止は解除されます。相手国に溶け込むことによって、イスラム教徒はその社会でのプレゼンスを高め、影響力を拡大していくことができるでしょう。

人びととの友情を深め、人びとにイスラム教を好きになってもらおうと考える真面目なイスラム教徒ならば、お酒の出されたパーティーに出席しても、お酒を飲む心配はないでしょう。逆にパーティーへの出席を通じて、人びとと友情が深まるという利益がもたらされるのです。

以上述べた原則は、異教徒の国で暮らす際に生じる多くの問題を解決するうえで役立ちます。三番目の区分に属する禁止は、ある程度の必要性がある場合には解除されるのです。

私は、日本やヨーロッパやアメリカのような国々で、イスラム教が影響力のある存在になることは大いに必要なことだと考えています。イスラム教徒は、自身や家族のイスラム教徒としてのアイデンティティを失わないならば、こうした国々に住んでいても構わないのです。

コーラン イスラムを読み解くキーワード

正確にはクルアーン。コーランは、アラビア語で記されたイスラム教の聖典です。預言者ムハンマドは40歳頃、メッカ郊外の洞窟にて瞑想中に、初めて神からの言葉（啓示）を受け取ります。預言者ムハンマドはその後、亡くなるまで二〇年以上にわたり、神の言葉を受け取り続けました。それらの言葉のすべてを書物の形にまとめたものが、コーランなのです。

なお、預言者ムハンマドは直接神と話をすることはできませんでした。それ故、神の言葉は大天使ガブリエルを介して、預言者ムハンマドに伝えられました。つまり、①神は大天使ガブリエルに神の言葉を伝え、②次に大天使ガブリエルが、その言葉を預言者ムハンマドに伝えたのです。③そして預言者ムハンマドは、その言葉を弟子であるイスラム教徒に伝えていました。

こうしてイスラム教徒たちに伝えられた神の言葉は、預言者ムハンマドの存命中には、書物として編纂されることはありませんでした。当時、木片などに神の言葉を書き留めたイスラム教徒も少数存在していたようですが、多くのイスラム教徒は神の言葉をそのまま丸暗記してしまい、わざわざ書き留めることはありませんでした。

この時点では、イスラム教徒が神の言葉を万一忘れてしまったとしても、預言者ムハンマドに再び聞きに行けば済むので、神の言葉を記録し、書物として編纂する必要はなかったのだと思われます。

しかし預言者ムハンマドの死後、状況は一変します。預言者ムハンマドの死後、アラビア半島ではイスラム教徒と、イスラム教を棄てた部族との間で激しい戦争が勃発しました。そしてこの戦争で、神の言葉を丸暗記していたイスラム教徒が大勢戦死してしまいました。そのため、神の言葉をすべて記憶している者がいなくなり、その結果、神の言葉が忘れ去られてしまう恐れが生じたのです。

この危険を察知したイスラム教徒たちは、預言者ムハンマドが伝えた神の言葉のすべてを集成し、一冊の書物に纏《まと》めることを決めました。こうしてできあがったものが、コーランなのです。

コーランは神の言葉をそのまま記録したものであるため、翻訳は不可能だとされています。実際にはコーランの英訳や日本語訳は存在しますが、イスラム教ではこうした翻訳は「コーランではなく、コーランの注釈書、解説書の類」とされています。その一方、イスラム教徒にはアラビア語を母語としない人も大勢います。しかし、コーランを読み、理解し、暗唱することはイスラム教徒の務めです。そのため、アラビア語を母語としていなくても、信心深いイスラム教徒はコーランを読むためにアラビア語を学びます。

ちなみに、今日でも多くのイスラム教徒、特にアラビア語を母語とするアラブ人のイスラム教徒は、コーランを非常に熱心に読んでいます。私は数年前エジプトに住んでいましたが、当時、バスや地下鉄に乗るとほとんどの車両で、コーランを読む乗客を一人や二人は目にすることができました。コーランは黙読ではなく声を出して読むものとされているので、彼らは周囲の邪魔にならないような小さな声で、コーランを読み続けていました。

このように、コーランはイスラム教徒にとっては日常的に繰り返し読まれる聖典ですが、イスラム教徒でない者にとっては、自国語に訳されたコーランを一度通読することすら大変な作業です。

私の個人的体験を白状しますと、一〇年以上前の学生時代、夏休みに「コーランを読んでレポートを書くように」との課題を出された時、二ヶ月以上かけて、やっとの思いでコーランの日本語訳を読み終えた記憶があります。

コーランは分量的には数百ページに過ぎないのですが、私は一〇ページか二〇ページ読み進めるごとに投げ出しているような状態でした。正直に言うと、コーランは読み物としては物語性に欠けるうえ、同じような言い回しが果てしなく繰り返されるので退屈でつまらなかったのです。

もっとも、私がつまらないと感じたのは、日本語に訳されたコーランを（目で）読んだことが一因だと思われます。アラビア語のままのコーランが朗誦されるのを耳で聞くと、それは非常に美しく、感動をおぼえるほどです。

アラビア語は、日常会話の発音は決して美しいとは言えない（と私は思う）のですが、アラビア語で朗誦されるコーランの美しさは、アラビア語を全く知らない日本人でも、一度聞けば容易に体感できます。

日本人への布教がうまくいかない理由と解決策

Q.

私たちは長年日本に暮らしています。日本人は、勤勉さ、仕事の優秀さ、忍耐強さ、秩序の尊重、年長者への敬意、年少者への慈《いつく》しみ、慎み深さなど多くの美徳を備えています。これらの美徳は、元来イスラム教でも美徳とされています。しかし、私たちは日本人へのイスラム教の布教に失敗しています。日本人は、私たちの布教に応えてくれません。それには以下のように、多くの理由があります。

まず第一に、日本人は宗教にあまり興味がありません。日本人の関心は、現世での暮らしに向いています。日本人は物質主義者、現実主義者であり、彼らは現在の生活様式に満足しています。

第二に、日本人の宗教は、彼らの生活を制約するような義務を課していません。一方、イスラム教には義務や禁止事項が数多くあります。日本人は、このような宗教には慣れていません。

第三に、日本人はお酒が大好きです。日本人はみんなお酒を飲んでおり、彼らをお酒から引き離すことは不可能です。一方、イスラム教では飲酒は悪魔の不浄な行為であり大罪だとされています。飲酒は、日本人がイスラム教に入信するうえで大きな障害となっています。

第四に、イスラム教徒の現状は芳《かんば》しくありません。イスラム教徒の国々は脆弱な後進国であり、なおかつ団結できていません。イスラム教国には悪徳が満ちています。こうしたイスラム教国の現状が、日本での宣教に影を落としています。イスラム教国の現状を見ると、日本人はイスラム教への入信をやめてしまいます。

これらの理由のため、私たちは日本人への布教に絶望しています。日本人にイスラム教を布教するうえでどうすべきか、アドバイスを頂けないでしょうか？　私たちは日本人のことが大好きです。私たちは、大勢の日本人がイスラム教に入信し、彼らがイスラム教徒の新戦力となってくれることを心から願っています。

A

あなた方は日本人にイスラム教を布教することに絶望しているようですが、私は、全く絶望していません。あなた方は布教が困難な理由を列挙しましたが、これらの理由はどうにもならないものではありません。私は日本人にイスラム教を布教することは、ヨーロッパ人やアメリカ人など他の非イスラム教国の人びとへの布教よりも容易だと考えています。日本人がイスラム教に入信する希望は存在するので、私は布教に絶望することには反対します。私は、希望はあると考えています。その理由は、以下の通りです。

第一に、コーランと預言者ムハンマドの言行をそなえたイスラム教は、全世界を対象とした教えです。コーラン21章107節には「我（神）はただ万有への慈悲として、あなた（預言者ムハンマド）を遣わしただけである」と記されています。

第二に、日本人も人間です。宗教や来世の問題に関心を持たない人間はいませんから、日本人もこうした問題に関心があるはずです。宗教は世界の秘密や生命の本質に関わるものです。

「自分はどこから来てどこへ行くのか？　自分はなぜ存在しているのか？　自分の暮らす世界はどこからやって来たのか？　自分やこの世界を創造したのは何者なのか？　この世での人生を終えた後、自分はどこへ行くのか？　死は完全な消滅なのか、それとも次の人生への旅立ちなのか？　どうして私は生きているのか？　私には何かこの世での使命があるのか？　あるとしたら、それは何なのか？」

すべての人間は、こうした問いを自問しているはずです。

第三に、私は日本人、特に経済的に裕福な日本人から「日本人は何百万円ものお金を払って死後の名前を買う」と聞いたことがあります。この名前は、来世で幸せに暮らすために必要なものだそうです。日本人が、多額のお金を払ってこうした名前を購入していることは、彼らが宗教や来世の問題に高い関心を持っている証拠です。

第四に、日本の隣国である中国には、ヒジュラ暦一世紀（西暦七～八世紀）にはイスラム教が伝わっていました。またマレーシアやインドネシアにも、イスラム教は何世紀も前から広まっています。中国人やマレーシア人、インドネシア人はイスラム教に入信したのに、日本人だけは入信しないとどうして言えるでしょうか？

第五に、日本人は私たちアラブ人のイスラム教徒と同じく、東洋の民です。私たちと日本人は、東洋の民という絆で結ばれています。東洋のイスラム教徒は、同じ東洋に属する日本が先進国となったことを誇りにしています。アラブ近代文学やアラブ近代詩には、日本人を称賛するすばらしい詩や論説がたくさんあります。こうした文学作品も、私たちと日本人の距離を縮めるのに貢献してくれています。

第六に、私たちと日本人の間で戦争が起きたことは、中世にも近代にもありません。私たちとヨーロッパのキリスト教徒の間では、中世には数百年にわたる十字軍との戦争があり、多くの血が流されました。近代になると西洋の帝国主義列強は、東はインドネシアから西はモロッコ、モーリタニアに至るまでのイスラム世界を植民地支配下に置き、独立・解放戦争は近年まで続いていました。さらに、西洋はそれだけでは飽きたらず、アラブ・イスラム世界の中心地にイスラエルを作り出し、イスラエルに経済的、軍事的支援を与えることを通じてイスラム世界の破壊を続けています。一方、私たちと日本の間には、こうした争いが起きたことはありません。

第七に、イスラム教で美徳や望ましい慣行とされている多くのものを、日本人は備えています。たとえば慎み深さはイスラム教の美徳の一つですが、日本人はこの美徳を備えています。人びとが慎み深さを持たない欧米では、道端や公園や駅などいたる所で男女が抱き合ってキスをしています。私は日本を訪れたこともありますが、日本でそのような慎みを欠く場面を目にしたことはありません。

勤勉さ、協力精神、秩序の尊重、年長者への敬意、年少者への慈しみなど日本人が備えている美徳はすべて、イスラム教が呼びかけている美徳と一致しています。

以上の理由により、私は日本人がイスラム教から縁遠い人びとだとは考えていません。私たちイスラム教徒が日本人の中で暮らし、日本人の気質を学び、日本人の言葉で彼らに語りかけ、上手に布教を行ったならば、日本人をイスラム教に入信させることは可能だと思われます。

日本のような外国で布教する際の重要なアドバイスを以下に記します。

①私たちは、日本人について学ぶ必要があります。私たちは日本人が何に関心を持っているのか、日本人が精神的、物質的に何を必要としているのかを知る必要があります。彼らの心、彼らの理性に入り込む入り口を見つけ、そこから中に入って影響を及ぼしていくのです。

コーラン14章4節には「我は、その民の言葉を使わないような使徒を遣わしたことはない。（それはその使命を）彼らに明瞭に説くためである」と記されています。つまり、私たちは相手が関心を持っていることから、相手が理解してくれることから話し始めるべきなのです。

②私たちは布教の際、イスラム教の細部について教える前に、まず基本原理について教えるべきです。イスラム教の部分部分について教える前に、まず全体像について教える

べきです。

イスラム教の基本原理とは、まず、唯一なる神の他には神は存在しないことを認識し、唯一なる神のみを信仰すること、そして「来世では現世での行為に対する公正な報奨が得られる」と信じること、さらに神を満足させ給うような正しい行いをすることです。ここでの正しい行いとは、この世の繁栄や生活の向上のために働くことです。

③私たちは、イスラム教に新たに入信した人に対して、多くの宗教上の義務を課すべきではありません。基本的な義務だけを課し、必要以上の義務を負わせないようにすべきです。また、新たに入信した人にイスラム教で禁止されている行為をやめさせる際にも、まず大罪を禁止し、その後になってから小さな罪を禁止すべきです。

私たちは、新たに入信した人の生活を困難なものにしてはなりません。逆に、平易なものとすべきです。また、新たに入信した人に悪い知らせを警告しておびえさせるのではなく、良い知らせを告げて喜ばせるべきなのです。預言者ムハンマドも、そのようにすべきだと述べています。

④私たちは、布教に際して漸進的な方法を採るべきです。イスラム教がこの世に最初に出現した時も、漸進的な方法が採られました。新たな入信者にはまず最初に信仰につい

て教え、次に基本的な規則について教え、その後に細かい規則について教えるべきです。義務を実行させる際にも、禁止されている行為をやめさせる際にも、このようにすべきです。

たとえばイスラム教では飲酒は禁止されていますが、飲酒はイスラム教の登場後直ちに全面禁止されたのではなく、複数の段階を経て禁止されました。イスラム教がこの世に登場した当初から人びとに飲酒を禁止していたら、人びとは入信を拒んで飲酒を続けていたでしょう。当時のアラビア半島の人びとは、現在の日本人以上にお酒が好きだったのですから。

つまり、日本人に布教を行う際、最初から飲酒の禁止を声高に叫び、お酒の禁止を入信の絶対条件とすることは得策ではありません。まず日本人にイスラム教に入信してもらい、そのうえでその日本人の信仰心を強固なものに育ててあげるべきです。入信した日本人がイスラム教徒としての義務を容易に遵守できるような環境を、私たちが用意してあげるべきです。そうすれば、その人は義務の実践を自発的に望み、また罪を犯すことを自ら恐れるようになるでしょう。そして、自分から飲酒をやめるでしょう。もし、その人の心が弱くて、結局飲酒をやめることができなかったならば、仕方がないので彼のことは神に委《ゆだ》ねましょう。

イスラム教の布教活動を行う一部の人びとは、新たに入信する人に細かい規則を教えています。しかしこうしたやり方では、新たに入信する人は「イスラム教は束縛に満ちている。イスラム教は人間の行動を制限し、人生を楽しむことを禁止している」と感じるでしょう。

イスラム教の長所は、現世主義と来世主義、精神主義と物質主義、理想主義と現実主義、神中心主義と人間中心主義、個人主義と集団主義の間でバランスのとれた教えであることです。イスラム教は、人生を楽しむことを禁止してはいません。イスラム教では、この世の繁栄のために活動することは信仰の一部とされています。

約百年前から、(アラブ世界では)日本におけるイスラム教の現状について、いろいろ述べられてきました。その頃、アラブ諸国やインドの新聞に載った記事に、以下のようなものがあります。

「日本人は、自分たちが信仰すべき宗教を探していた。そして、日本人は最良の宗教を選択するために、諸宗教会議を開催し、様々な宗教の代表者をその会議に招いた。当時、エジプトのアズハル大学のイスラム法学者だったアリー・ジャルジャーウィー師は、この会議に参加するため自腹で日本に行った。同師は広大な土地を売却し、そのお金で日本行きの船便の切符を買った。同師は日本に数ヶ月間滞在し、後に日本での体験について『日本への旅』という本を書いた」

この話は、もしかしたらフィクションであり、事実ではないのかもしれません。しかし、このような活動があったにも関わらず、イスラム教は日本に普及しませんでした。

現在、数千人の日本人がイスラム教に入信して宗教団体を設立し、布教に励んでいます。私は彼らを個人的に知っていますが、彼らはすばらしいイスラム教徒です。でも、イスラム教は日本にもっと普及していいはずです。

いつか、日本人のイスラム教徒が日本人に対して布教活動を行うようになった時に、日本での布教は成功を収めるだろうと私は考えています。その国の人びとが、その国の人びとに直接語りかけることが、一番効果的ですから。それ以前の段階では、日本語に堪能な外国人のイスラム教徒が日本で暮らして布教を行うべきです。そして彼らは日本人の女性と結婚し、結婚を通じて妻をイスラム教に入信させるべきです。

キリスト教宣教師は、かつて日本で布教を行う際、この方法を用いました。キリスト教宣教師は布教を始めた当初、日本語という極めて難解な言語の壁にぶつかりました。そこで彼らは若い宣教師に日本語を徹底的にたたき込み、日本人と全く同じように日本語を話せる宣教師を育成したのです。こうして日本語を身に付けた宣教師は、日本中に数多くのキリスト教系の学校を設立し、現在も布教活動を続けています。

私の友人に、日本での布教活動に昔から関心を持っている人がいます。彼はアラブ人のイスラム教徒ですが、日本の大学で博士号を取得し、その後も日本で長く暮らしています。彼は日本人への布教は成功すると考えており、数十年後には日本人の大半がイスラム教徒になると予測しています。

人間にとって数十年は長い時間ですが、神にとって数十年後はそれほど遠い未来ではありません。しかし、この希望は何もせずに実現されるものではありません。実現のためには、忍耐強い活動が不可欠です。

預言者ムハンマド イスラムを読み解くキーワード

預言者ムハンマドは、イスラム教の創始者です。彼は西暦五七〇年頃、アラビア半島のメッカ（今日のサウジアラビア領内）にて、支配部族であるクライシュ族の一員として誕生しました。彼は出生前に父を亡くし、さらに6歳頃の時に母を亡くして孤児となったので、その後は祖父や伯父に引き取られて養育されました。成長後、彼はメッカの富裕な女商人ハディージャに雇われ、隊商を組んでアラビア半島とシリア間の交易に従事します。

ムハンマドが隊商の商人として頭角を現した結果、雇い主であるハディージャは彼に惚れ込み、ついにはムハンマドが25歳の頃、二人は結婚します。ハディージャはムハンマドより15歳ほど年上ですので、彼との結婚時には年齢は40歳位だったと言われています。なお、ハディージャはそれ以前にも別の男性との間で結婚歴が二回あり、ムハンマドとの結婚は、彼女にとって三度目でした。

ムハンマドは、40歳頃になるとメッカ郊外の山に出かけていき、その山の洞窟にて瞑想にふけるようになります。するとある日、洞窟に大天使ガブリエルが現れ、瞑想中のムハンマドに神の言葉を伝えました。この時から、ムハンマドは預言者となったのです。ガブリエルはその後、ムハンマドが亡くなるまで二〇年以上にわたり、神の言葉を断続的に彼に伝え続けます。

ただしムハンマドは当初、洞窟に現れた者の正体が大天使ガブリエルであることを知りませんでした。また、初めてガブリエルが現れた時、ムハンマドは「自分が預言者として選ばれた」とは思わず、逆に「自分は気が狂ってしまった」と考え、真っ青になって洞窟から自宅に逃げ帰ったと伝えられています。

しかしその後、ムハンマドは自分が預言者になった事実を受け入れ、メッカにてイスラム教の布教を開始しました。最初に妻であるハディージャが、次に娘婿のアリー（後の第四代正統カリフ）がイスラム教に入信します。

しかしメッカでの布教は、順調には進みませんでした。イスラム教は偶像崇拝を厳しく禁じる一神教ですが、当時のメッカの人々は多神教徒として偶像を崇拝していたのです。メッカの人々は、自分たちの宗教を否定するイスラム教に反発し、イスラム教徒に激しい迫害を加えました。このように布教が困難に直面する中、妻であるハディージャが死去し、さらに一族の長としてムハンマドを保護してくれていた伯父も亡くなります。

後ろ盾を失ったムハンマドはついにメッカでの布教を断念し、西暦六二二年、少数の信者と共にメッカを脱出し、そこから300km以上離れた町であるメディナに移住しました。ちなみにこの時、メッカの人々はムハンマドの殺害を企て、彼らの後を追っていました。そのためムハンマドは洞窟に身を隠すのですが、その時「蜘蛛が洞窟の入り口に巣を張ってムハンマドの姿を隠してくれたので、彼は追っ手に見つからないで済んだ」と伝えられています。この故事から、イスラム教では蜘蛛は、「預言者ムハンマドを守ってくれた善い生き物」とされています。

さて、メディナに移住後、ムハンマドは同市に集まったイスラム教徒たちを率いて、メッカの人々との戦いに明け暮れることになります。イスラム教徒は、まずバドルの戦い（六二四年）で大勝利を収め、次いでウフドの戦い（六二五年?）に敗北した後、ハンダクの戦い

（六二七年）を耐え抜き、ついには六三〇年、メッカを無血征服しました。これに伴い、メッカの人々は皆、イスラム教に改宗しました。するとアラビア半島全土の各部族も、ムハンマドに従い、イスラム教に改宗することを誓いました。

こうしてムハンマドは、イスラム教の預言者として、宗教指導者として、アラビア半島全土にイスラム教を広めることに成功したばかりではなく、政治指導者としても、アラビア半島全土の統一に成功したのです。その後、六三二年、ムハンマドはメディナの自宅にて逝去しました。

なお、日本人で誤解している人がいるので説明しておきますが、イスラム教では預言者ムハンマドはあくまで人間の一人であり、断じて神ではありません。イスラム教徒が信仰し、崇拝するのは唯一なる神だけであり、預言者ムハンマドは模範的な人間として尊敬されることはあっても、神格化されて崇拝されることは絶対にありません。さらに言うと、預言者はムハンマド以外にも大勢います。イスラム教では、方舟《はこぶね》で知られるノアも、ユダヤ教を創始したモーゼも、キリスト教を創始したイエスも皆、ムハンマドと同様に預言者とされています。

さて、「預言者ムハンマドはあくまで人間の一人」なので、彼の他の人びとと同様に、一日五回の礼拝や飲酒の禁止など、イスラム教徒としての義務を負います。ただし、「預言者ムハンマドは一般人ではない」という面もあるため、部分的には、「一般のイスラム教徒には適用されず、預言者だけに適用される特別ルール」が存在します。その一つが、本書でも取り上げられている、「一般のイスラム教徒の男性が一度に持てる妻の数は最大四人だが、預言者の妻の数は五人以上でもよい」というものです。預言者ムハンマドは実際、一時期九人以上の女性と結婚していました。

特別ルールのもう一つの例としては、「一般のイスラム教徒の夫婦は、男子が産まれなかった場合、その代で家が絶える。しかし預言者ムハンマド夫婦の場合、その娘ファーティマの産んだ男子（ムハンマドの孫）が、ムハンマド家の子孫とみなされる。そのため、預言者ムハンマド夫婦には（成人した）男子はいなかったが、ムハンマド家は断絶していない」というのもあります。

これについて説明しておきますと、預言者ムハンマドの子どもたちのうち男子は、皆夭逝してしまったので、成長したのは女子だけでした。彼が一般のイスラム教徒男性だった場合には男子がいないので、この段階で家が絶えてしまいます。しかし預言者ムハンマドは、娘ファーティマがその夫アリー（第四代正統カリフ）との間に生んだ二人の男子、ハサンとフサインを特別にムハンマド家の子孫とみなすことにして、家の断絶を回避したのでした。

このような、「ある宗教の創始者のみに適用される特別ルール」というものは、イスラム教以外の宗教でもしばしば見受けられますので、本書の読者も比較的容易に理解できると思います。

第2章

悩み事なんでも相談

性転換をしたいのですが イスラム教では許されますか

Q. 私は女性です。私は礼拝や断食など、イスラム教徒としての義務をきちんと果たしています。私は財産も不動産もある裕福な家に生まれ、多くの女性は私のことを羨望のまなざしで見ています。しかし、私は大きな問題を抱えていて、この問題の解決をお願いしたいのです。

私の問題とは、私が自分のことを女性だと思えないことです。私は心の中で、自分は女性ではなく男性であると思っています。これまで私は何度もプロポーズされましたが、すべて断ってきました。すると家族が怒り出したので、仕方なくある男性との結婚に応じました。しかし結婚生活は、男が男と生活を共にするのと同じようなものであり、私にとっては試練の日々でした。そして当然の結果ですが、私は離婚しました。

現在私は、この問題の根本的解決を考えています。それは専門医の下で性転換手術を受け、今後は男性として暮らすというものです。医師の診断によると、私の体は完全に女性であり、私の女性器は正常に機能しています。しかし、一部の医師は私の性転換手術に同意しています。
　私が人生を通じて苦しんできた問題を解決することは、イスラム教では許されているのでしょうか？　この質問にお答え頂きますよう、よろしくお願いします。

A
　夫婦生活は人生の根幹です。人間はもちろん、他の動物も、男女が結婚して夫婦生活をおくっています。神が人類の祖としてアダムを創造した時、神はアダムを楽園で一人ぼっちにはしませんでした。神はアダムの妻としてイブを創造し、夫婦が共に暮らすようにしたのです。
　神は男女双方を創造した際、両者に異性を愛する感情を与えました。この異性愛という感情が夫婦生活を作りだし、また子孫を生み出すのです。そして異性を愛する気持ちがあるからこそ、世界中の詩人や作家は数多くの恋物語を創作したのです。
　ソドムの民のように、もともと性的に異常な人間として神によって創造された人びともいます。しかしそれ以外の場合には、男女がお互いを愛さないことなど考えられません。

質問者の女性は男性を避けているようですが、これは非常に不思議なことです。「自分は男性であるような気がする」とおっしゃっていますが、医師は「この人は完全に女性であり、女性器にも一切異常はない」との診断を下しているのですから。

質問者が自分自身を男性と思うようになった背景には、何か根の深い心理的要因があるはずです。その要因を見つけ出し、専門医のもとで治療を受けるべきです。その際に重要なことは、質問者が「治療は可能だ」と信じることです。治療は不可能だと思い込み、治療を心の中で拒絶してはいけません。患者が薬や医師の効果を信じることは、病気を治すうえで非常に大切なことです。

なお、質問者は性転換手術の可否について聞いていますが、この人の場合には手術は禁止されます。以下で述べるような、手術を行ったほうが望ましい身体的理由が存在する場合を除くと、イスラム教では性転換手術は禁止されています。

一部には、本当は男性なのに男性器や睾丸が体の中に隠れていて、外見上は女性に見える人が存在します。このような〝一見女性に見える人〟を男性に戻すための性転換手術は合法ですし、是非とも行うべきです。これは、物事を正しい状態に戻すことであり、神が創造した存在を作り替えることではありませんから。同様に〝外見上は男性だが、それは女性器が体の中に隠れているためであり、本当は女性である人物〝を女性に戻す手術も、是非とも行うべきです。

一方、正常な男性が女性になること、あるいは正常な女性が男性になることは禁止されます。神が創造した存在を作り替えることは、悪魔の業です。性転換手術がもし認められると、卵巣や子宮を持たない女性や、正常な睾丸やペニスを持たない男性が出現することになります。

性転換手術が認められた場合、まず第一に子孫を残せなくなります。私たちは、人類滅亡への扉を開くことになるのです。

さらにイスラム法の面でも深刻な問題が生じます。仮に女性から男性への性転換が認められた場合、それに伴いこの〝男性〟は、女性との結婚を認められることになります。しかし本当は、これは女性同士の結婚です。イスラム法は、同性間の結婚を大罪の一つとして厳しく禁じています。

また、相続に関しても問題が生じます。イスラム法では、女性の相続する遺産は男性の半分とされています。では、この〝手術によって男性となった元女性〟は、男性として本来の予定の二倍分の遺産を獲得するのでしょうか？　そうなった場合、他の親族は本来の取り分を減らすこととなります。

以前、エジプトのアズハル大学で医学部の男子学生が女性への性転換手術を受け、大騒ぎになったことがありました。この学生は身体的には正常な男性でしたが、一人の医師が手術に同意して実行してしまったのです。しかしこの時、他のすべての医師、イスラム法学者、一般国民は、宗教的・道徳的見地からこの手術を非難しています。

神は、男女両性を創造しました。男女双方には、それぞれ果たすべき役割があります。その役割を放棄することは決して許されません。質問者が抱える悩みを神が解決して下さるよう、私は神に願っています。

イスラム法　イスラムを読み解くキーワード

イスラム法（アラビア語でシャリーア）は、イスラム教徒の生活を規定する法です。イスラム教徒は、イスラム法に従って行動する義務を負います。なおイスラム法では、立法者は神だけです。人間には法解釈権はありますが、立法権はありません。

非常におおざっぱに説明すると、イスラム法とは「（礼拝、断食、巡礼などの宗教儀礼のやり方を規定する）戒律と、（刑罰、訴訟、売買契約、婚姻、財産相続などについての規則を定める）私たちにとってなじみのある法律を合体させたもの」です。

現在の日本の法律は、刑罰、訴訟、売買契約、婚姻、財産相続などについて規則を定めていますが、一方、礼拝、断食、巡礼などの宗教儀礼のやり方を規定してはいません。日本では、礼拝など宗教儀礼のやり方を規定するものは、国家の法ではなく、各宗教の戒律です。つまり日本では、「宗教儀礼に関する規則は、法律の管轄外のこと」とされているのです。一方、イスラム法は、それらすべての事柄を自らの管轄内に含んでいます。理念的には、イスラム法の管轄外にあるものは、何もありません。

もっとも、このようなイスラム法が、イスラム教徒たちが暮らす国々にて実際に法律として施行されているわけではありません。少なくとも今日、イスラム法がそのまま国家の法律として施行されている国はほとんどありません。

私は以前エジプトに住んでいましたが、エジプトの法律は婚姻や財産相続などについてはイスラム法的な要素を一部含んでいますが、基本的には、日本の法律と大きく異なるものではありません。つまりエジプトの法律は、日本の法律と同様、礼拝、断食、巡礼など宗教儀礼のやり方を規定していません。

「イスラム法と、今日のイスラム教徒が暮らす国々の法律は別」ということを、是非覚えておいて下さい。

鼻のかたちが悪く悩んでいます整形手術をしてもいいでしょうか

Q.

私の鼻は長く突き出ています。この鼻のせいで、私の容姿は悪く、とても悩んでいます。整形手術はイスラム教では禁止されているのでしょうか？どうして神は、容姿が美しい人と醜い人を創造なさったのでしょうか？

A.

顔や体などの容姿について言いますと、私たちは特定の場所の醜さに目を向けがちです。そして他の場所の美しさや、顔、体全体としての美しさにはなかなか目を向けようとしません。

身体障害者の人びとについて考えてみましょう。世の中には少数ですが、目の見えない人びとがいます。神は目の見えない人びとを創造することによって、視力のすばらしさを教えているのです。目の見えない人が世の中に一人もいなかったならば、人びとは目が見えることのありがたさを理解できないでしょう。

私がこう説明すると、「では、どうして一部の人びとだけが、目の見えない人間として創造されたのですか？　神が特にその人たちを、〝目の見えない人びと〟に選んだ理由はなんですか？」と聞いてくる人がいます。この質問は、質問者が狭い範囲で物事を見ていることを示しています。

神は目の見えない人びとには、代わりにその欠点を補う長所を授けています。神はある人間の一部分に短所を与えると他の部分に長所を与えるという形で、全体としてはきちんと補償しているのです。だから障害者の人びとは全員、すぐれた長所を持っています。世界的な音楽家であるベートーベンは、耳が聞こえませんでした。また、エジプトの文豪ターハー・フサインは全盲でした。これらの例は、障害者にはその障害を補って余りあるような長所が授けられている証拠です。こうした例は、数多く存在します。

整形手術について言いますと、人間は勝手に美の基準を作ってしまっています。人間は〝美しい顔はこういう顔〟と決めてしまい、その基準に合わない顔を醜いものとみなしています。でも私たちは、本当は顔のどんな要素が美しさを生むのかよく分かっていません。あなたの長い鼻は、ひょっとしたらあなたの魅力の源かもしれません。一部の人間が勝手に決めた基準に基づいて、美しさを判断する必要はないのです。

試験管ベビーは神に背く人間の行為ではない

Q 人工授精による出産は、神の教えに反していますか？　神のご意志に背くものとはならないのでしょうか？

A 医師は、女性の卵子と男性の精子を適切な環境下にある試験管内部に入れて、人工授精を行います。人工授精は、女性の体に何らかの問題があり、体内での受精が不可能な場合に行われます。その後、受精卵は女性の体内に戻され、女性は普通に出産することになります。

人工授精は、病気に苦しむ一部女性の問題を解決するための措置です。そして人工授精に携わる医師たちは、神が創造した受精プロセスをきちんと模倣しています。彼らは試験管内部に、女性の子宮内部と全く同じ環境を作っているのです。これは神からインスピレーションを受けた人間の行為であり、神に背く人間の行為ではありません。

しかし、女性の卵子を夫以外の男性の精子と受精させてはなりません。そんなことをしたら、誰が生まれてくる子どもの父親なのか分からなくなりますから。一方、夫婦間の人工授精は全く問題ありません。

美人キャスターの衛星放送を見ることは姦通罪に触れないのですか

Q.

海外からの衛星放送は、きれいな女性の姿を放映しています。こうした女性の姿を見ることは、姦通罪を犯すことにはならないのでしょうか？

A!

神は人びとやその家族を守るために、姦通（夫婦間以外のセックス）を禁じました。夫婦間以外で性交渉を持つことは、極めて悪い結果をもたらします。それゆえ、姦通は罰を受ける罪であり、その罰はコーランで明確に規定されています。コーランには「姦通を犯した男女双方を１００回鞭打て」と記されています。一方、テレビ画面に映ったきれいな女性を見ることは、良くないことではありますが、姦通罪には該当しません。

もっとも、見るべきでないものを必要以上に見ることを、預言者ムハンマドは戒《いまし》めています。

臆病者でもケチでもいいが嘘つきであってはならない

Q. あるイスラム教徒は、礼拝や断食など宗教上の義務をすべて実践していますが、よく嘘をつきます。この人物は、正しいイスラム教徒だと言えるでしょうか?

A

嘘をつくのは悪いことです。嘘をつくことは正しきイスラム教徒の行為ではなく、偽信者の行為です。預言者ムハンマドは「嘘をつく者、約束を破る者、裏切る者は偽信者である」との趣旨の言葉を述べています。

嘘はイスラム教徒の行いの特徴ではなく、偽信者の行いの特徴なのです。偽信者はいつも「神に誓って本当のことを言う」と言っては嘘をつき続けています。この世でイスラム教徒に対して嘘をつき続けた偽信者は、きっと最後の審判の日には神の面前でも嘘をつくのでしょう。

預言者ムハンマドは「臆病者でもイスラム教徒ですか?」と聞かれた時、「はい」と答えました。「ケチでもイスラム教徒ですか?」と聞かれた時も、「はい」と答えました。しかし「嘘つきでもイスラム教徒ですか?」と聞かれた時には、「いいえ」と答えました。つまり、臆病なイスラム教徒やケチなイスラム教徒は存在していて構いませんが、嘘つきのイスラム教徒は存在してはならないのです。

預言者ムハンマドは「あなたたちイスラム教徒は正直であらねばならない。正直者は敬《けい》虔《けん》な人になれる。そして敬虔な人は天国に入ることができる。人は正直者であり続ければ、神のもとにも『この人物は正直者である』と記録される。あなたたちは嘘をついてはならない。嘘つきは不道徳な人になる。そして不道徳な者は地獄に堕ちる。人は嘘をつき続ければ、神のもとにも『この人物は嘘つきである』と記録される」と述べました。

人は通常、しつけや日頃の習慣を通じて正直者になることができます。だからイスラム教徒は、子どもたちに小さい頃から嘘を禁止して、正直者になるよう育てなければなりません。

ある時、預言者ムハンマドは、一人の男性が息子に「お前に、これとこれを与えよう」と言っているのを目撃しました。そこで預言者ムハンマドがその男性に「息子に本当にそれらのものを与えるつもりがあるのか?」と聞くと、男性は「いいえ」と答えました。すると預言者ムハンマドは「息子にそれらのものを与えるか、あるいは息子に本当のことを言うかのどちらかにしなさい。神は嘘を禁止しています」と言いました。男性が「私の言葉は嘘になるのでしょうか?」と聞くと、預言者ムハンマドは「そうです。そしてすべての事柄は神のもとに書き留められています。嘘の一つひとつ、些細な嘘の一つひとつも、書き留められています」と述べました。

なお、嘘には様々なレベルのものがあり、小さな罪とされる嘘もあれば、大きな罪とされる嘘もあります。実害が大きな嘘になればなるほど罪は大きくなり、またそのような嘘は、些細な嘘よりもいっそう厳しく禁じられています。

イスラム教が嘘を認める限定的ケースとは

Q. 私は友人に「何月何日に、あなたの家に遊びに行くね」と約束しました。しかし当日、家族の事情により、友人の家に行くことができませんでした。その後、友人と顔を合わせた時、私は「あの日は、急に別の友人が家を訪ねてきてしまい、あなたの家に行くことができませんでした。ごめんなさい」と言って謝りました。

このような嘘をつくことは、イスラム教では禁止されているのでしょうか？　この嘘は、誰にも被害を与えていません。またこの嘘は、友人関係が悪化しかねない困難な状況から私を救ってくれました。この嘘は、売買や取引を行う際の嘘や、裁判で証言する際の嘘、すなわち実害を伴う嘘とは全く別物です。イスラム教が実害を伴う嘘を禁止していることは、もちろん私も承知しています。

一方、実害のない嘘について言いますと、私も他の人びとも、日常的にこの種の嘘をついています。害のない嘘は、もはや人びとの日常生活の一部となっています。イスラム教は、この種の嘘をどのようにみなしているのでしょうか？　どうかお答え下さい。

A

質問者は、自身が信頼を寄せるイスラム法学者から、自身の行為が正しいとのお墨付きを求めています。お墨付きを求めるという行為は、イスラム教では禁止されていません。一方、質問を受けたイスラム法学者は、質問者の不安を取り除いてあげるために、お墨付きを与えようと努力します。お墨付きを与えようと努力する行為も、イスラム教では禁止されていません。しかし、お墨付きを求めたとしても、すべての場合にそれが得られるわけではないのです。

この質問にお答えしますと、基本的にイスラム教は、実害のない嘘を含めたすべての嘘を禁止しています。イスラム教が嘘を認めるのは、非常に限定的なケースに限られます。

以下、それらについてご説明しましょう。

　イスラム教は「嘘は偽信者や不信仰者の行為の特徴である」と考えており、基本的にすべての嘘を禁止しています。コーラン16章105節には「神の徴を信じない者は、ただ嘘を捏造する者で、彼らこそ虚言の徒である」と記されています。また預言者ムハンマドは「嘘をつく者、約束を破る者、裏切る者は偽信者である」との趣旨の言葉を述べたうえ、さらに「そのような者は、たとえ礼拝や断食を行い、そして『私はイスラム教徒である』と自称したとしても、偽信者である」と付け加えました。

　これらの例は、イスラム教がどれほど嘘を嫌っているかをよく示しています。イスラム教は信者に対して、「実害があろうとなかろうと、嘘をついてはならない。事実に反することを言ってはならない」と教えているのです。つまり、イスラム教は「嘘に実害がないならば、必ずしも真実を言わなくともよい。一方、嘘に実害がある場合には、嘘をついてはならない」とは教えていません。たとえ、真実を言うことにある程度の実害が伴おうとも、「真実を述べる」という有徳な行為を行うことはイスラム教徒の義務です。同様に、嘘を言うことにある程度の利益が伴う場合でも、「嘘を述べる」という悪徳な行為を慎むことはイスラム教徒の義務です。他人から嘘を言われるのが嫌ならば、自分も他人に対して嘘をついてはなりません。イスラム教には「自分が他人からして欲しいと思うような行為を、他人に対してもしてあげなさい」という原則があります。

嘘の最大の問題点は、人間はひとたび嘘をつくことに慣れてしまうと、もはや嘘をつくのをやめることができなくなることです。この現象は、実際に広く見受けられます。だから預言者ムハンマドは「嘘をついてはならない」と人びとに警告したのです。

イスラム教は「過度の理想主義を追求せず、理想と現実をバランスよく調和させること」を特徴の一つとしています。この点でイスラム教は、理想主義を追求する一部の哲学者とは異なる立場を取ります。たとえばドイツの偉大な哲学者カントは、いかなる状況でも、いかなる理由があってでも、嘘を絶対に認めませんでした。

一方イスラム教は「人間の本性を熟知し、人間が何を必要としているのかをよく知っている神が、人間のために定めた道」です。イスラム教は、どうしてもやむを得ない特定の場合に限っては、真実を述べる結果生じる甚大な損害を考慮して嘘を認めました。

このことについては、中世の高名な思想家ガザーリーが詳しく説明しています。ガザーリーの説明を要約すると、以下のようになります。

嘘は、それ自体が禁止されているのではありません。嘘は、嘘を伝えられた人や他の人びとに害をもたらすが故に禁止されています。嘘を伝えられた人は、少なくとも物事を事実とは異なる形で認識することになります。つまり彼は、真実を知らないことになるのです。ただし、ある人物が真実を知らないでいることが、人びとの利益に適っている場合には嘘は認められますし、場合によっては嘘をつくことが義務となります。たとえば、人物Ａが人物Ｂを殺そうと思って、刀を手にして人物Ｂを追っていたとします。人物Ｂが建物の中に逃げ込むのをあなたは目撃しました。その後、人物Ａがやって来て、あなたに「人物Ｂを見なかったか？」とたずねたとします。あなたはどう答えるべきでしょうか？　真実を告げず、「私は人物Ｂを見なかった」と述べるべきです。この場合には、嘘をつくことが義務なのです。

言葉は、目標に到達するための手段です。真実を述べた場合と嘘をついた場合のどちらでも良き目標への到達が可能な時には、嘘をつくことは禁止されます。しかし、嘘をつかない限り良き目標への到達が不可能な場合には、嘘をつくべきなのです。

ただし、できるだけ嘘をつかないで済むように気を付けて下さい。嘘をついてよいのは、それが必要である場合に限られています。預言者ムハンマドは原則として、①人びとを仲直りさせる時、②戦争時、③夫婦間の会話の三つのケースに限り、嘘を認めたと言われています。

それ以外のケースでは、「良き目標に到達するためには嘘が必須の場合」に限って、嘘は認められます。たとえば、悪人があなたの財産を奪おうと思ってその在処をたずねた時、あなたは嘘をついても構いません。同様に、権力者があなたを捕まえ、あなたを処罰しようという意図を持ってあなたが過去に犯した宗教上の罪について問いただした場合には、あなたは実際には宗教上の罪を犯したことがあったとしても、それを否認して構いません。このことは預言者ムハンマドも認めています。

人は自分の命が危険に晒《さら》された場合や、自分の財産が不当に奪われそうになった場合には、それらを守るために嘘をついてもいいのです。また、身内の秘密について聞かれた場合には、身内の名誉を守るために嘘をついても構いません。また、複数の妻を持つ夫に対して、妻たちが「一番愛しているのは誰か」と詰め寄った場合には、夫は妻たちの心を懐柔するために、その全員に対して個別に「お前を一番愛している」と嘘を言っても構わないのです。ただし繰り返し言いますが、嘘はやむを得ない必要がある場合に認められているだけですので、できるだけ嘘をつかないで済むように気を付けて下さい。

ガザーリーによる以上の説明を読んだうえで、質問に戻りましょう。質問者は約束を破ったことを言い訳する際に、事実に反することを述べました。そしてこの質問のケースは、嘘が認められる三つのケースに該当しません。質問者は、二つの過ちを犯しています。

第一に、質問者は友人の家に行くことを約束していながら、この約束を破りました。約束を守ることはイスラム教徒の義務です。無断で約束を破ることは、偽信者の行為です。

第二に、質問者は口実をでっち上げることによって、約束破りを正当化しました。質問者は「約束を破る」という一つ目の過ちに、さらに「嘘をつく」というもう一つの過ちを付け加えたのです。

質問者は、約束を守れなかったという自身の落ち度が露見してしまうとしても、友人に真実を告げるべきでした。なお、真実を告げる際に多少婉曲《えんきょく》的な表現を用いることは、問題ありません。

もし、質問者が友人に対して嘘の言い訳を言わなければ、友人との人間関係が確実に悪化していたのならば、これは「嘘をつくやむを得ない必要があった場合」に該当しますので、質問者の嘘は容認されます。しかし実際には、質問者のケースはこれに該当していないでしょう。もちろん、質問者のついた嘘は、裁判で証言する際の嘘などに比べたらはるかに些細なものですが、しかし嘘が禁止されていることには変わりはありません。

ちなみに、あらゆる嘘の中で最悪のものは、神や預言者ムハンマドに対する嘘です。預言者ムハンマドは「私に対して故意に嘘をついた者は、地獄がその居場所となる」と述べました。

エイプリルフールでも嘘が許されないイスラム的理由

Q. 電話の着信音が鳴ったので出てみると、友人からの電話でした。友人が非常に衝撃的な知らせを告げたので、私は仰天しました。電話が終わった後、私は家族にもその知らせを告げたのですが、家族も皆、失神しそうなほどに驚いていました。

しかし、その一時間後、同じ友人から再び電話がありました。そして友人は「さっきの話は嘘なんだ。今日は四月一日、エイプリルフールだよ」と言いました。私は怒って、「こんな嘘をついてはならない」と言いました。しかし友人は「単なる冗談じゃないか。四月一日はみんな、僕と同じことをやっているよ」と反論してきました。

そこで質問ですが、このエイプリルフールという習慣について、どのように思われますか？　イスラム教は、四月一日に嘘をつくことを容認しているのでしょうか？

A

嘘をつくのは非常に悪いことです。イスラム教では、「嘘と信仰心は両立しない」とされています。嘘をつくのは、その人が偽信者である証なのです。

私が以前の質問で既に回答したように、イスラム教は、特定の状況を除いては嘘を認めていません。そして「冗談として嘘をつくこと」は、嘘が認められる特定の状況には該当しません。

預言者ムハンマドは、人びとを笑わせる目的で嘘をつくことを禁止しています。さらに預言者ムハンマドは、人びとを怖がらせたり、不愉快にさせたりする目的で嘘をつくことも禁じています。預言者ムハンマドは、「信頼を寄せてくれている人に対して嘘をつくことは、最大の裏切りである」と考えていました。

以上をまとめると、質問者の友人がついた嘘は、四つの理由で禁止されています。

第一に、イスラム教は嘘をつくこと自体を禁止しています。嘘の禁止は、コーランにも明記されています。

第二に、嘘をつくことによって人びとを不当に怖がらせることも、禁止されています。

第三に、この友人は質問者から「嘘をつく人ではない」と信頼されていたのに、その信頼を裏切りました。イスラム教は、裏切りを禁じています。

第四に、この友人はエイプリルフールという、イスラム教に由来しない誤った習慣を広めることに一役買っています。彼は、非イスラム教徒の悪しき習慣を模倣しているのです。

結論を言いますと、まず何月何日であろうとも、嘘をつくことは禁止されています。また、イスラム教徒は嘘をつく習慣を広めることに手助けしてはなりません。その意味で、四月一日に嘘をつくことは特に厳しく禁止されます。

死者の魂、天使、精霊を呼び出すことについて

Q.

最近、私たちの間では霊を呼び出して未来に何が起きるのか聞いたり、医者には治すことのできない病気の治療を求めたり、難問の解決を頼んだりすることが流行しています。子どもたちは霊を呼び出して会話を交わすことに夢中になっていて、学校のいます。大人だけでなく子どもたちの間でもこのことは流行して教科書には見向きもしません。

ネックレスの鎖を動かしたり、紙の上のペンを動かして答えを書いたりするものの正体はなんなのでしょうか？　死者の魂？　精霊？　それとも、これはインチキなのですか？　そもそも、死者の魂を呼び出して未来について質問することは可能なのでしょうか？　私たちは、霊が語った答えを信じてよいのでしょうか？　霊は未来に何が起きるか知っているのでしょうか？　私たちは、医師には治せない病気の治療を霊に頼んでよいのでしょうか？　どうかお返事下さいますよう、よろしくお願いします。

A

お答えしましょう。霊を呼び出した際、未知なる何者かがその場に出現していることは否定できません。多くの人びとはネックレスの鎖が動いたり、正しいものであるにせよ間違っているにせよ、ペンが質問に対する回答を書き記したりするのを自分の目で目撃しています。人びとが実際に目にしているこうした現象を、否定することはできません。

イスラム教では、この世界には目で見ることのできない力が存在するとされています。それには、以下のようなものがあります。

①死者の魂。死者の魂は死後も残ります。肉体が朽ち果てて消滅しても、魂は消滅しません。預言者ムハンマドは「死者は自分の葬儀に参列した人びとの足音を聞くことができる」と述べています。また、人びとが墓参りを行った場合、死者には人びとが来てくれたことが分かるのです。

②天使。光から創造された天使は、人間には触れることのできない存在です。天使は、人間を守る、人間の行為を記録する、人間の死を司るなど、様々な役割を担っています。このことはコーランにも繰り返し記されています。

③精霊。精霊についてはコーランにも記されています。精霊の中で特に悪しき者たちが、

悪魔です。

それでは、以上三つの存在、すなわち死者の魂と天使と精霊の中で、どれがネックレスを動かしたりペンで答えを書いたりしているのでしょうか？

私は、死者の魂がこうしたことをしているとは思いません。人びとが呼び出した時に現れた霊は、霊自身が知らない未来のことについて答えたり、嘘をついたりしています。不可視界のことを知っているのは神だけですので、神以外の存在は未来に何が起きるか知りません。つまり、未来について好き勝手なことを告げる霊は、実にくだらない振る舞いをしているのです。死者の魂が、このような無益な行為をするとは私には思えません。

また預言者ムハンマドは「生者も死者も、同じように私の言葉を聞くことができる。しかし、死者は私の言葉に答えることができない」と述べています。つまり死者の魂は、預言者に何かを質問されても、答えることができないのです。預言者ですら死者から答えを聞くことができないのに、普通の人間にそれが可能でしょうか？　当然、不可能です。

ですから、霊を呼び出した際に現れたものは死者の魂ではありません。また、天使でもないはずです。というのも、現れたものは嘘をついたり、矛盾したことを言ったり、勝手に人間の名前を名乗ったりするからです。神の忠実な下僕である天使がこのような振る舞いをすることはあり得ません。

死者の魂ではなく、天使でもないとなると、残るのは精霊だけです。人びとが霊を呼び出した際に現れるのは、精霊や悪魔なのです。

以前、エジプトで降霊術の組織を作り活動していた人物がいましたが、この人は自身の過ちに気付いて降霊術をやめ、真面目なイスラム教徒になりました。彼は「私が呼び出した霊は、私の祖先や親友の魂を名乗っていました。しかし実際には、その正体は精霊や悪魔だったのです」と述べています。私も彼の意見に賛成します。

ここで、人びとが霊を呼び出す理由について考えてみましょう。人びとは、未来のことなど自分たちが知らないことについて霊に聞きたいのでしょうか？　既に述べたように、神以外のものは、天使であれ精霊であれ死者の魂であれ、こうしたことについて知識を持ちません。

呼び出された霊が仮に未来の出来事を正確に予言したとしても、それは偶然です。予言の99％は外れています。しかし、人びとはこの99％については忘れてしまい、偶然当たった残り1％のことだけを覚えているのです。

また、病気の治療を望んで霊を呼び出す人びともいます。しかし、霊は病気を治療できるのでしょうか？　降霊術の組織を作り活動していた前述の人物は悔い改めた後、「私たちの行っていた降霊術による病気治療は全くのインチキでした。私は降霊術による治療を人びとに施していましたが、実際にはその当時、私自身が病気にかかっていました。そして私は降霊術で自分の病気を治すことはできませんでした。このことから明白なように、降霊術による治療は不可能です」と述べています。

病気を治療したいのであれば、このようなインチキに頼るのではなく、きちんと病院に行くべきです。

霊を呼び出すことにもし利点が存在するとすれば、それは知覚できないものすべてを否定する唯物論者に、「知覚できないものは存在する」と思い出させることくらいです。その意味では、科学技術が進歩した一方で極度の物質主義に陥った西洋世界の人びとが降霊術を行うことには、それほど問題はないのかもしれません。しかし正しい信仰を持つイスラム教徒は、世界には目に見えないものが存在することを当然知っているのですから、霊を呼び出すような行為を行うべきではありません。

悪魔払いの呪文とお守りの効用

Q. 私は27歳の男性です。私は一年前に妻と結婚し、大変幸せな生活を送っていました。しかしある日突然、妻に異常な症状が現れました。そして私たちの生活は一変しました。それまで平穏だった家は妻の叫び声に満ちたものとなり、些細なことをめぐって、夫婦間の口論が必ず起きるようになりました。まるで、嵐や竜巻のような惨状でした。

私はさんざん悩みましたが、事態は全く改善されませんでした。すると家族や親戚たちが「妻を〝精霊使い〟の所に連れて行って、診てもらうといい」と私に助言してくれました。家族たちがあまりに熱心に勧めるので、私はその助言に従い、妻を精霊使いの所に連れて行きました。すると精霊使いは、「あなたの妻は、頭に精霊が取り憑いています。彼女から精霊を祓うために、私は十五日間コーランを朗誦し、そして手製のお守りを彼女の首にかけてあげましょう」と言いました。そこで、私たちは彼にお祓いを頼み、高額の謝礼を支払いました。
しかし、15日間が過ぎても効果は全く現れませんでした。妻の状態は以前のままです。そこで質問ですが、そもそもこのような行為は、イスラム教に明確な根拠が存在するのでしょうか？　それともこれは、たんなるインチキなのでしょうか？

A イスラム教では、お守りによって病気を治そうとすることは禁止されています。精霊を祓うためや邪視除けのために、お守りを身に付けることも禁止です。また意味不明の言葉を用いた呪文によって魔法をかけることも、禁止されています。悪魔祓いの呪文は、預言者ムハンマドから伝わるもの以外を使用することは禁止されています。

さらに、悪魔祓いの呪文は、以下の三つの条件を満たす必要があります。

①用いる際には神の名前を唱えること。
②アラビア語を用いること。意味不明の言葉を用いないこと。
③呪文の言葉そのものに効力があるのではなく、効力をもたらすのは神であると理解すること。

現在でも多くのイスラム教徒は、お守りを使用しています。しかし、イスラム教はお守りを禁止しています。預言者ムハンマドのもとに十人のグループがやって来て、預言者ムハンマドに対して忠誠の誓いをした時、預言者ムハンマドは九人の忠誠を受け入れましたが、残り一人からは忠誠の誓いを受けることを拒みました。

その理由を問われた預言者ムハンマドは「彼は、お守りを身に付けている」と述べました。そこでこの人物がお守りを捨てたところ、預言者ムハンマドは彼からの忠誠の誓いを受け入れたのです。預言者ムハンマドは「お守りを身に付けることは、唯一なる神以外の存在を崇拝することに等しい」と述べ、お守りを禁止しました。また預言者ムハンマドは「病気を防ぐために、私はお守りを身に付けています」と述べた者に対して、「お守りを身に付けると病気はいっそうひどくなる」と述べて、お守りの効用を否定しています。

なお、一部の人びとは「コーランの文言を記したお守りを身に付けることは合法」と考えていますが、これは間違った見解です。実際にはお守りにどんな言葉が記されているかとは無関係に、すべてのお守りが禁止されています。その根拠は以下の通りです。

①預言者ムハンマドがお守りを禁止した時、お守りの種類について区別していない。預言者はお守りを身に付けている人を咎めた時、「そのお守りにはコーランの文言が記され

ているか？」と質問しなかった。つまり預言者は、お守りに記された言葉がどんなものかとは無関係に、お守りそのものを禁止している。
②お守りは通常、袋に包まれており、中身は見えない。それゆえ、お守りにコーランの文言が本当に記されているかは持ち主以外には判別できない。これは良くないことである。
③人びとがコーランの文言を記したお守りを持ち歩くと、コーランが汚される恐れがある。そのお守りを身に付けた人がトイレに入ったり生理になった場合、コーランが汚されてしまう。

イスラム教は、以上のように教えています。質問者のケースについてお話ししますと、質問者の妻は病気にかかっているようですから、質問者は彼女に医師の診察を受けさせるべきです。医師は自分で治療が可能ならば、その病気を治してくれるでしょうし、それが困難な場合には、適切な専門医を紹介してくれるでしょう。

質問者の妻はおそらく、なんらかの精神病にかかっているものと思われます。ですから彼女には医師の治療が不可欠です。

預言者ムハンマドは「病気はお守りや呪文によって治すのではなく、医学的治療によって治すべき」と教えていましたし、自身が病気になった際には、医師の治療を受けていました。

私たちは預言者ムハンマドの慣行に従うべきであり、お守りや呪文に頼るべきではありません。質問者が述べているように、これらはインチキです。

イスラム法学者 イスラムを読み解くキーワード

イスラム法学者（アラビア語でウラマー）は、イスラム法の専門家です。彼らはモスクの管理人、説教師、宗教学校の教師などの職業に従事しています。本書のQ&Aの回答執筆者たちも、イスラム法学者の一員です。

イスラム教にはキリスト教や仏教とは違って聖職者が存在しないのですが、聖職者に代わる役割を、部分的にはイスラム法学者が担っています。そのため日本では、しばしばイスラム法学者はイスラム聖職者と誤解されています。日本のテレビや新聞で、「イスラム聖職者の何某師が…」などと報じられる場合、その何某師は、ほぼ確実にイスラム法学者です。

魔法使いは殺害されるべき不信仰者

Q. 魔法使いが、ある男性に魔法をかけました。そのため、男性の太ももにはコーランの章句が書き込まれ、男性は妻とセックスすることができなくなりました。
このような場合、どうすればいいのでしょうか？

A. 魔法をかけることは、非常に重い罪です。預言者ムハンマドも、魔法を禁じています。
魔法使いは、殺害されるべき不信仰者なのです。イスラム教徒は、魔法使いに一切関わってはなりません。魔法使いの所に、相談や質問に行くことも禁止されます。

預言者ムハンマドは「魔法使いの所に質問に行った者は、その後四〇日間は礼拝を受け入れてもらうことができない」と述べています。また、質問に行ったどころか、魔法使いの言葉を信じてしまった者について、預言者ムハンマドは「魔法使いの言葉を信じた者は、イスラム教から離れてしまった者」と述べています。イスラム教は信徒に対して、迷信を遠ざけ、正しき道を歩むよう教えています。

コーランの章句を男性の太ももに書き込むことは、イスラム教で禁止されています。これは神の言葉を侮辱する行為です。魔法使いは、神の言葉を侮《あなど》る不信仰者だからこそ、こんなことをしたのでしょう。

夫婦がセックスできなくなった原因は、精神的なことかもしれませんし、身体的なことかもしれません。こうした悩みは、正しい方法で治療すべきです。

第3章
許される結婚　許されない結婚

正式に婚約した男女なのに二人きりになれないのはなぜですか？

Q.

私は、ある女性に婚約を申し出ました。女性の家族がこれを了承してくれたので、私たちは親族や友人を呼んでパーティーを開き、婚約を発表しました。こうして私たちは婚約したのですが、イスラム教では、婚約した男女は結婚した男女と同じ扱いにはならないのでしょうか？

つまり、結婚した男女は二人きりになることができますが、婚約した男女は二人きりになってもよいのでしょうか？　なお、現在の私は、まだ正式には結婚できない状態にあります。

A.

婚約と結婚は、全く別のものです。婚約は結婚を準備するものであり、結婚の前段階で行うものです。イスラム法は、この二つを明確に区別しています。婚約は、「ある男性が、特定の女性との結婚を望んでいることを発表する」以上のものではありません。一方、結婚は確固たる契約であり、それに伴い様々な権利や効力が発生します。

婚約をどれほど大々的に発表したとしても、婚約はそれ以上のものにはなりません。婚約の結果、男性が得る唯一の権利は、相手の女性を予約済みの状態にして、他の男性たちがその女性に結婚を申し込めないようになることです。預言者ムハンマドは「婚約している女性に、結婚を申し込んではならない」と述べています。

婚約した女性にとって、婚約相手の男性はまだよそ者です。結婚契約を結んでいない限り、男女は結婚したことにはなりません。つまり、婚約した男女はまだ二人きりになることはできません。二人が外出する場合には、女性の父親か兄弟が同伴することが必要なのです。

イスラム法では、「結婚した男女がセックスする前に離婚する場合、男性は女性側に渡す持参金の半額を支払う」と定められています。これはコーランに基づく規則です。

一方、婚約した男性が女性との婚約を解消する場合、男性は社会的非難を浴びるとはいえ、それ以外にはいかなる金銭的義務も負いません。婚約期間の長さに関わらず、この規則は変わりません。

このように、結婚した男性が女性に対して負う義務と、婚約した男性が女性に対して負う義務は大きく異なります。それゆえ、当然結婚した男性に認められる権利と、婚約した男性に認められる権利は同じものではありません。

私は、質問者に速やかに結婚するようアドバイスします。結婚すれば、相手の女性と二人きりになることができるのですから。まだ結婚することができない状況にあるのならば、煩悩をおさえて我慢することです。

また、私は女性の父親や後見人に対しては、女性のことをよく見張るようアドバイスします。女性が婚約したからと行って、婚約相手と二人きりになることを軽々しく認めてはなりません。婚約したばかりの頃からいい加減でいては、後々結婚した時に悲惨な結果となる恐れがあります。神が定めた規則を正しく守るべきです。

コーラン2章229節には「神の掟を犯す者は不義者である」と、また24章52節には「神と使徒に従い、神を畏《おそ》れ、神に自分の義務を尽くす者、そのような人びとこそ（最後の目的を）成就する者である」と記されています。

結婚したい女性の父親に高額な持参金を要求されて困っています

Q

私はカタールの若者です。私の悩みを聞いて下さい。私は、ある女性との結婚を考え、女性の父親に会いに行きました。すると、父親は結婚を認める条件として、花婿が花嫁の父親に渡す持参金として2万リヤル（約　　円）を要求してきました。私には、こんな大金を支払うことはできません。私は、どうすればいいのでしょうか？　私だけではなく、私の友人も大勢、同じ悩みを抱えています。

A

現在、高額な持参金はイスラム社会の問題となっています。しかしこれは、人間が自分で勝手に作り出した問題なのです。神は人間がこの問題に苦しまなくて済むようにしたのに、人間自身がこの問題をややこしいものにしてしまい、そして自ら苦しんでいるのです。預言者ムハンマドは「持参金は安価にすべき」と述べていますし、実際、自分の娘を嫁《とつ》がせる際に少額の持参金しか受け取っていません。同様に預言者ムハンマドの直弟子たちも、娘の結婚の際に相手の男性に高額な持参金を要求することはありませんでした。女性は商品ではなく一人の人間なのですから、これは当然のことです。

預言者ムハンマドは「信仰心とモラルを備えた男性があなたたちの所にやって来て娘との結婚を申し込んだら、娘をその男性と結婚させなさい」と述べています。この言葉に示されるように、父親は娘の結婚相手として、信仰心とモラルを備えた男性を探すべきです。

高額の持参金を払った男性のところに娘を嫁がせたとしても、その人がモラルや信仰心を欠いていたらどうなるでしょう？　私の所には、このような男性との結婚を強いられた女性たちから「夫が断食期間であるラマダン月の昼間から、お酒を飲んでいます」とか、「夫が息子にファラオという名前を付けました」といった悩み事の相談がたくさん届いています。男性から高額の持参金を手に入れて儲けようと考えるばかりで、その男性の人格については全く考慮しない父親が存在するために、このような問題が生じるのです。

父親は娘の結婚に際して、高額の持参金を払う男性を見つけるのではなく、信仰心とモラルの高い男性を見つけるべきです。イスラム教は、そのように定めています。

娘を幸せにできる男性の所へ娘を嫁がせることが大切なのです。昔のある優れたイスラム教徒は、「私は、娘を信仰心を備えた男性と結婚させるつもりだ。信仰心のある男性ならば、万一妻のことを愛していなかったとしても、妻に不当な仕打ちをすることはないだろう」と述べています。

イスラム教は、女性に早期の結婚を奨励しています。娘の父親のもとに望ましい男性が現れ娘との結婚を申し込んだ場合、父親はたくさんお金を儲けようと考えて高額の持参金を要求し、結婚へのハードルを高くしてはなりません。娘は商品ではないのですから、父親は持参金をつり上げて娘の結婚を妨害してはいけません。現在、持参金は結婚の最大の障害となっていますが、この障害を作り出したのは私たち自身なのです。私たちは持参金をつり上げることによって、若者が結婚という正しい道を歩むのを妨害し、若者に悪魔の道をそそのかそうとしているのです。

では、結婚を申し込んだ時に巨額の持参金を要求された若者は、一体どうするでしょうか？　結婚を、あきらめてしまうのではないでしょうか？　その結果、結婚できなくなってしまう女性も増えています。これは、持参金の相場を高騰させたことに伴う当然の帰結です。持参金のために結婚できないでいる人びとからの相談もまた、私の所に数え切れないほどたくさん届いています。

私たちイスラム教徒は、高額の持参金によって結婚を妨害してはなりません。逆に、若い男女が結婚という正しい道を歩むうえでの障害を取り除いてあげることこそが、私たちの義務なのです。高額な持参金は、イスラム教の正しい習慣ではなく、前時代的な悪習です。この悪習は、決して良いものをもたらすことはないでしょう。

ラマダン月 イスラムを読み解くキーワード

イスラム教徒は、イスラム暦九月のラマダン月には一ヶ月間の断食を行う義務があります。この断食期間は、単に飲食が禁止されるだけでなく、唾を飲み込むことや座薬を体内に挿入すること、セックスすることなども禁止されています。ただし断食期間は一ヶ月ぶっ通しではなく、日中の間だけ、日の出から日没までの間です。つまり、日没から翌朝までは普通に飲食を行ってよいのです。また子ども、病人、妊婦、授乳中の女性、戦場の兵士など、断食を行うことが困難な状況にある者には断食の義務は課されません。

このように書くと、断食は厳しい苦行のように思われるかもしれませんが、現実はその逆です。イスラム世界にてラマダン月を過ごすと、「ラマダン月の断食」とは、実際には「ラマダン月のお祭り」であることが実感できるでしょう。まず、日中の断食は基本的に仕事も勉強もあまりせずに寝ているか、あるいは起きていてもぼんやりしていればいいのですから、それほど大変ではありません。

私が以前暮らしていたエジプトのカイロでは、多くの人々はラマダン月には朝出勤しても職場で居眠りをして、定時前にさっさと早退し、自宅で再び眠って日没を待つといった具合でした。そして日没が近づくと、人々はテーブルの上に大量のごちそうを並べ、〝その時〟を待ちます。そして、日没を告げる大砲の音が鳴り響くや否や、人々はものすごい勢いでごちそうを貪り食います。

私は〝ごちそう〟と書きましたが、これはたんに分量の多い食事を意味しているのではありません。実際に、食材も普段より高級なものを使っているのです。人々はラマダン月には多少無理をしてでも、普段より贅沢なものばかり食べます。そのため、カイロでは安価なレストランはラマダン月のまる一ヶ月間、ずっと閉店していたりします。人々が高級店に流れるので、開店していても来る客がほとんどいなくなってしまうからです。

さて、食欲を満たした人々は、今度は夜を徹して遊ぶべく繁華街に繰り出します。ラマダン月には映画館がオールナイト上映を行うほか、サーカスの興行が行われたり、ラマダン月限定の臨時遊園地が開設されたりします。夜中の十二時を過ぎても、人々は外で賑やかに騒ぎ続けます。その後人々は家に戻り、明け方、断食開始時間が訪れる前にもう一度食事を摂ってから眠りに着きます。そして、その後再び同じような一日が繰り返されます。そして、これが一ヶ月間続くのです。ですから少なくとも私の個人的体験では、ラマダン月の断食とは、苦行というよりは派手に浪費して食べたいものを好きなだけ食べるお祭りのようなものでした。

ファラオ イスラムを読み解くキーワード

ファラオは古代エジプトの王。イスラム教ではファラオは「正しい宗教を認めず、預言者ムーサー（モーゼ）と争った暴君」とされる。イスラム教徒が子どもにファラオと名付けることは、日本で言えば、子どもに〝悪魔〟と名付けるようなもの。

大切な娘を共産主義者の男と結婚させてもいいでしょうか

Q.

ある若者が、私の娘との婚約を申し込んできました。しかし、この若者は共産主義者です。この若者は、イスラム教徒の家に生まれ、イスラム教徒としての名前を名乗っていますが、共産主義者としてイスラム教のことを非難しています。イスラム法的には、私は娘をこの若者と結婚させてもよいのでしょうか？　それとも、この若者は共産主義という腐敗した信条を抱いているので、結婚を拒否すべきなのでしょうか？

A　この質問にお答えする前に、共産主義が宗教をどのように見ているのか、簡単に説明する必要があります。そのほうが、質問者もこの問題をよく理解できるでしょう。

共産主義は唯物論です。共産主義は、知覚可能な物質以外の一切を否定します。共産主義は神、啓示、来世など、目で見ることのできないものは何も信じません。そして共産主義は、宗教を否定します。共産主義は宗教を、無知や後進性の残滓《ざんし》とみなしています。

共産主義の創始者であるカール・マルクスは「宗教はアヘンである」との有名な言葉を残しました。マルクスは「神が世界と人間を創造した」との主張を否定しました。彼は「神は人間を創造していない。真実はその逆だ。人間こそが神を創造した。人間が、妄想や空想によって神を創り出したのだ」と言いました。

レーニンも同様のことを述べています。さらにスターリンは「私たちは無神論者だ。神とは空想の産物に過ぎないと、私たちは信じている。信仰心は進歩の妨げだと、私たちは信じている。私たちは酔っぱらいみたいにはなりたくないので、宗教が私たちを支配することを望まない」と述べました。

これこそが、共産主義の宗教に対する見解です。ですから、共産主義国の憲法が共産党員全員に無神論者であること、反宗教プロパガンダを行うことを義務付けています。したがって、共産党の党員が宗教儀礼を実践した場合に党から除名されることは、不思議なことではありません。

仮に、ある共産主義者が共産主義イデオロギーの根幹は信奉しておらず、共産主義の社会的・経済的側面だけを信奉しているとしても、その人物は既にイスラム教を棄てたと言えるでしょう。なぜなら、イスラム教は相続や喜捨、男女関係や個人の所有権など、人間生活の社会的・経済的側面についても明確な規則を定めているからです。共産主義はこうしたイスラム教の規則を否定しますが、この規則を否定する者は、不信仰者とみなされます。

さらに言うと、共産主義者がそのイデオロギーの根幹を信奉せず、社会的・経済的側面でだけ共産主義を信奉するということは、あり得ないことです。共産主義の理論的根幹と実践的側面は密接に結びついていて、両者の分離は不可能なのです。

イスラム教は、イスラム教徒の女性が〝啓典の民〟であるキリスト教徒やユダヤ教徒の男性と結婚することを禁じています。これら〝啓典の民〟は、神と啓典、使徒と来世を信じていますが、それでもイスラム教徒の女性は彼らと結婚することを禁じられています。

ですから当然、イスラム教徒の女性は、神や預言者や最後の審判などのすべてを否定する共産主義者の男性との結婚を禁じます。

共産主義者は背教者です。イスラム教徒は、決して娘を共産主義者の男性と結婚させてはいけません。もし既にイスラム教徒の女性が共産主義者の男性と結婚しているのならば、その夫婦は離婚しなければなりません。さらに子どもがいる場合は、子どもを父親から引き離す必要があります。これは、子どもが信仰心をなくすのを防ぐためです。

共産主義者の男性が、改心することなく共産主義を信奉したまま死亡した場合、イスラム教徒は彼のために祈りを捧げてはなりません。また、彼の遺体をイスラム教徒の墓に埋葬することも禁止されます。

共産主義者は、現世ではイスラム法の背教者として扱われます。そして、来世では彼らには、神の極めて過酷な罰が待っています。コーラン２章217節には「彼らは可能な限り、あなた方を信仰から背かせるまで戦いをやめないであろう。あなた方の中でもし信仰に背き、不信仰者のまま死ぬ者がいれば、その者は現世でも来世でも、その行いがあだとなる。これらの者は、地獄の業火の住人である。彼らは永遠に、その中に住む」と記されています。

ユダヤ教とキリスト教

ユダヤ教、キリスト教、イスラム教の三つは共にセム系一神教であり、互いに兄弟宗教の関係にあります。歴史的には、ユダヤ教が最初に成立し、次にキリスト教、最後にイスラム教が成立しました。イスラム教では、イスラム教徒が預言者ムハンマドを通じて、神の言葉を記した啓典としてコーランを授けられたのと同様に、ユダヤ教徒は預言者モーゼを通じて律法の書を、キリスト教徒は預言者イエスを通じて福音の書を授けられたとされています（つまりイスラム教の認識では、イエス・キリストは神ではなく預言者であり人間です）。そのため、イスラム教はユダヤ教徒とキリスト教徒を『啓典の民』として扱い、その他の宗教の信徒とは区別しています。たとえば、キリスト教徒の女性やユダヤ教徒の女性は、イスラム教に改宗しなくても、イスラム教徒の男性と結婚することができます。本書中のQ＆Aではこうした結婚に否定的な意見が記されていますが、イスラム教は基本的にはこの結婚を認めています。一方、仏教徒などの女性は、イスラム教に改宗しない限り、イスラム教徒の男性とは結婚できません。

このように、イスラム教はユダヤ教・キリスト教を啓示宗教として認めています。一方でイスラム教は、「ユダヤ教やキリスト教の啓典は、途中で人間によって改変されたので神の言葉を正確に伝えていない。だが、イスラム教は神の言葉を正確に伝えるコーランを保持している」との立場から、これらの宗教に対する自らの優位性をも強調しています。もちろん、これはあくまでイスラム教徒側の主張であり、ユダヤ教徒やキリスト教徒はこれを認めていないのですが。

なお、あまり知られていないことですが、イスラム教徒は最初の頃にはメッカの方角ではなく、ユダヤ教の最重要聖地であるエルサレムの方角に向かって礼拝を行っていました。これにはユダヤ教の影響もあったのではと言われています。その後、イスラム教徒とユダヤ教徒の対立が次第に深刻化していくなかで、礼拝の方角はメッカに変更されました。

好きな人がいるのに好きでもない人との結婚話をすすめられ困っています

Q.
私は15歳の女の子です。私の家族は、私をいとこと結婚させようとしています。でも、私は彼のことが好きではありません。私は別の男の子が好きなのです。私は、どうすればいいのでしょうか？　お返事下さい。

A!
最近、恋愛関係の相談が増えています。これは、恋愛をテーマとしたドラマや小説、映画などの影響でしょう。多くの若い女性は、こうしたものに夢中になっています。

私は、質問者のような女性が男性に騙されることを心配しています。若い女性は、男性に甘い言葉をささやかれると舞い上がってしまうことがよくあります。一方、残念ながら世の中には、礼儀正しくない男性も存在します。彼らは、女性に声をかけて仲良くなることを楽しんでいます。このような男性は、仲間内で「今日、俺はあの女をナンパした。明日は別の女を狙ってみる」などと話をしているのでしょう。

私は若い女性たちにアドバイスします。このような男性の言葉に騙されてはなりません。両親の忠告に、よく耳を傾けるべきです。

結婚は、たんに男女が愛し合っていれば成立するものではありません。結婚は、理性という尺度で測ったうえでなされるべきものです。

同様に私は、娘の父親にもアドバイスします。娘が何を希望しているのかよく考えて下さい。娘の希望を無視して、娘が望んでいない男性との結婚を強制すべきではありません。なぜなら、結婚相手の男性と一緒に暮らすのは父親であるあなたではなく、あなたの娘なのですから。

娘を、彼女が愛している男性と結婚させてあげる必要はありません。でも、少なくとも娘が満足できる相手、納得できる相手と結婚させてあげなさい。

女性が全く知らない相手との結婚を強制される事態を防ぐために、イスラム教では、女性は結婚前に花婿候補者である男性の姿を見てよいことになっています。そして女性には、その男性との結婚を望むか否かの意志を表明する権利が与えられています。娘がその男性との結婚を言葉で明確に拒んだ場合や、泣き出して嫌がった場合などは結婚を強制してはなりません。

預言者ムハンマドも、父親によって嫌いな相手との結婚を強制されそうになった女性から相談を受けた際、「その相手と結婚せず、あなたの好きにしてよい」と述べています。

結婚に際しては、娘とその父親の双方が相手の男性に満足していることが不可欠です。なお娘が父親の同意を得ずに結婚することは、絶対に認められません。また、娘の母親も相手の男性に満足していることが望ましいのです。母親は娘の気持ちをよく分かっているでしょうから。

このように、両親と娘本人が納得できる相手と結婚できた場合には、結婚生活が無惨なものとなることはないでしょう。

なぜイスラム教徒の男性は異教徒との結婚を許されているのですか

Q. イスラム教徒の男性と非イスラム教徒の女性の結婚、具体的にはイスラム教徒の男性とキリスト教徒の女性やユダヤ教徒の女性との結婚について、説明して下さい。イスラム教では、ユダヤ教徒とキリスト教徒は〝啓典の民〟と呼ばれ、他の偶像崇拝者らとは区別されています。そしてイスラム教徒の男性は、これら〝啓典の民〟の女性との結婚を許可されています。

しかし、私は「このような結婚で産まれた子どもたちは、非イスラム教徒の母親から悪影響を受ける」と考えています。なぜなら、家庭内で子どもを育てるのは、父親ではなく母親です。それゆえ、子どもたちはイスラム教徒である父親よりも、非イスラム教徒の母親から大きな影響を受けることになります。これは、子どもたちにとって良くないことです。

私は有識者の方々に、この問題について質問しました。すると、「コーランはイスラム教徒の男性と〝啓典の民〟の女性との結婚を許可している。私たち人間には、神が許可したことを禁止する権利はない」との返事が返ってきました。しかし私は「イスラム教は害悪をもたらすことを容認しない」と考えています。どうか、この問題について詳しく説明して下さい。

以前、私は欧米諸国を訪れたことがあります。その時に、私はこれらの国々で大勢の在外イスラム教徒に会いました。留学生もいれば、働いている人もいました。将来は祖国に帰る予定の人もいれば、現地での永住を決めている人もいました。彼らはイスラム教徒の男性と非イスラム教徒の女性との結婚、特にキリスト教徒の女性やユダヤ教徒の女性との結婚について、私に質問してきました。

質問者もご存じのように、イスラム教はキリスト教徒とユダヤ教徒を〝啓典の民〟とみなし、他の諸宗教の信者とは区別しています。これは、イスラム教がこの二つの宗教を啓示宗教として認めているからです。

イスラム教徒の男性と非イスラム教徒の女性の結婚を説明するにあたり、まず非イスラム教徒の女性について、お話しする必要があります。一口に非イスラム教徒の女性と言っても、その中には多神教徒も無神論者も、背教者も〝啓典の民〟もいるからです。

多神教徒の女性との結婚

多神教徒とは、偶像崇拝者のことです。イスラム教徒の男性と多神教徒の女性との結婚は、コーランにて明確に禁止されています。コーラン２章221節には「多神教徒の女性とは、その女が信仰者になるまで結婚してはならない。たとえあなたたちがその女を気に入ったとしても、多神教徒の女性よりは、信仰心のある女奴隷のほうが良い」と記されています。また、60章10節には「あなたたちは信仰心のない女との絆を固持していてはならない」と記されています。ここでの〝信仰心のない女〟とは多神教徒の女性、すなわち偶像を崇拝する女性のことです。

この両者の結婚が禁止されている理由は明白です。イスラム教と多神教の間には、妥協や共存の余地がないからです。神の唯一性を信じるイスラム教の教義は、多神教の教義とは相容れません。多神教はイスラム教と異なり、啓典もなければ預言者もいません。イスラム教と多神教は、全く対極に位置するものなのです。

それゆえ、コーランはイスラム教徒の男性と多神教徒の女性との結婚を禁止しました。

コーラン2章221節には「これらの者たち（多神教徒）は、信仰者を地獄に誘う。だが神は寛容に罪を許され、天国に呼び入れられる」と記されています。人びとを地獄に誘う多神教徒と天国に誘うイスラム教徒の間には、共存の余地はありません。

無神論者の女性との結婚

無神論者とは、宗教を信じない人です。神を信じず、預言を信じず、啓典や来世を信じない人のことです。イスラム教徒の男性と無神論者の女性との結婚は、多神教徒の女性との結婚以上に厳しく禁止されています。なぜなら、多神教徒は神の唯一性を信じていないとはいえ、神が存在することは信じています。コーラン31章25節には「あなたがもし、彼ら（多神教徒）に『天地を創造されたのは誰か？』と問えば、彼らはきっと『神』と言うであろう」と記されています。

イスラム教徒の男性は、このように神の存在を信じる多神教徒の女性との結婚も禁じられています。それなのに、どうして神の存在自体を否定する唯物論者の女性との結婚を許されるでしょうか？

唯物論者は物質以外を信じず、神、来世、天使、啓典、預言者の一切を否定するのです。

このような唯物論者の代表例が、共産主義者です。共産主義は唯物論を信奉し、「宗教はアヘンである」と主張しています。

現在、一部のイスラム教徒は真実を深く理解することなしに、共産主義を信奉していま す。彼らは「共産主義は経済改革を目指すものであり、宗教とは無関係だ」と唱える扇動家に騙されているのです。彼らに対しては、信仰と不信仰、光と闇の違いを私たちがしっかりと説明する必要があります。説明してもなお彼らが共産主義を信奉し続けたならば、その者は不信仰者であり、現世でも来世でも不信仰者として扱われます。

背教者の女性との結婚

背教者とは、一度信仰者となった後に、信仰を捨てた者のことです。イスラム教徒だった者が別の宗教に改宗した場合も、あるいは無神論者になった場合も含まれます。イスラム教徒が共産主義者になった場合も、キリスト教徒になった場合も、ユダヤ教徒になった場合も、仏教徒になった場合も、バハーイー教徒になった場合も、それ以外の宗教の信徒になった場合も等しく背教者です。

イスラム教は誰に対しても、入信を強制することはありません。しかし自分の意志に基づいてイスラム教に入信したならば、イスラム教徒をやめることは決して許されません。イスラム教を棄てて背教者となった者は、来世では現世で行った善行がすべて無効とされ、永遠に地獄の中で過ごすことになります。コーラン２章217節には「あなた方の中で、もし信仰に背き、不信仰者のままで死ぬ者があれば、そのような者は現世でも来世でも、その行いはあだとなる。これらの者は、地獄の住人である。彼らは永遠にその中に住む」と記されています。

現世で、背教者はイスラム社会から援助を受けることは決してできません。また、男女の組み合わせを問わず、イスラム教徒と背教者が結婚することは許されません。もしイスラム教徒同士の夫婦のうち、片方が背教者になったならば、その夫婦は別れなくてはなりません。

イスラム法では、イスラム教徒の男性が背教者となった場合、その男性は死刑とされています。同様にイスラム教徒の女性が背教者となった場合も、多数説ではその女性は死刑とされています。ただし女性の場合、一部の法学派は「死刑ではなく、終身禁固刑」としています。このことで分かるように、イスラム教徒が背教者となった場合には、極めて厳しい罰が待ち受けているのです。よく留意すべきです。

ババーイー教徒の女性との結婚

イスラム教徒の男性は、ババーイー教徒の女性との結婚を禁止されています。イスラム教から人造宗教であるババーイー教に改宗した女性は、既に説明したように背教者ですから、当然この女性との結婚は禁止です。

この女性がイスラム教からババーイー教に自分の意志で改宗した場合も、家族に従って改宗した場合も、あるいはイスラム教からババーイー教に改宗した者の子孫としてその教えを受け継いだ場合も、等しく背教者とみなされます。

一方、もともとイスラム教徒ではなかった女性、キリスト教徒やユダヤ教徒、偶像崇拝者などがババーイー教に改宗した場合には、その女性は多神教徒とみなされます。イスラム教は、ババーイー教を啓示宗教として認めていません。最後の預言者はムハンマドですし、最後の啓典はコーランです。イスラム教の登場後に新たな宗教の誕生を伝える者は、神に対して嘘をつく者です。このような者の教えに従ってはなりません。コーランの3章85節には「イスラム教以外の教えを追求する者は、決して受け入れられない。来世においては、これらの者は失敗者の類である」と記されています。

なお、イスラム教徒の男性がババーイー教徒の女性との結婚を禁止されていることから自明なように、イスラム教徒の女性とバハーイー教徒の男性の結婚も、当然禁止されています。

啓典の民の女性との結婚

イスラム教徒の男性は、〝啓典の民〟すなわちキリスト教徒やユダヤ教徒の女性との結婚を認められています。これは、コーラン5章5節の「啓典を授けられた者の食べ物はあなた方に合法であり、あなた方の食べ物は彼らにも合法である。あなた方以前に啓典を授けられた民の中の貞節な女（とあなた方が結婚することも合法である）、もしあなた方が彼女に姦淫や密通をせず、きちんと彼女に婚資を与え妻に迎えるならば、それは許される」との明文に基づいています。しかし〝啓典の民〟の女性との結婚は、無条件に認められているのではありません。結婚にあたっては、いくつかの条件が課されています。

▼第一の条件

イスラム教徒の男性が〝啓典の民〟の女性と結婚する場合、その女性は名目上〝啓典の民〟であるのではなく、真に〝啓典の民〟である必要があります。つまり、その女性は神、使徒、来世などを本当に信じていないといけません。今日の欧米には、キリスト教徒の父母から産まれても、名目上キリスト教徒であるだけで、実際には共産主義者であるような女性が数多く存在します。そのような女性との結婚は認められません。

▼第二の条件

また、その女性は貞節な女性でなければなりません。コーラン5章5節にも「あなた方以前に啓典を授けられた民の中の貞節な女（とあなた方が結婚することは合法である）」と記されています。ここで〃貞節な女〃とは、姦淫や密通をしない女性、夫以外とはセックスしない女性のことです。イスラム教徒の男性は、誰とでもセックスするような女性とは決して結婚してはいけません。結婚相手は、あらぬ疑いをかけられないような身持ちのしっかりした女性である必要があります。

しかし、現在欧米社会でこのような女性が極めて少数であることは疑いありません。結婚まで処女を守ることは、欧米ではなんの価値も持ちません。ボーイフレンドを持たない少女は、同年代の友人から奇異な目で見られるだけでなく、他ならぬ自身の家族からも変わり者扱いされるのです。

▼第三の条件

また、その女性はイスラム教徒と敵対する民族、イスラム教徒と戦争状態にある民族の一員であってはなりません。コーラン60章９節にも「神は次のような者を、あなた方に禁じられる。宗教上のことであなた方と戦いを交えた者、またあなた方を家から追放した者、あなた方を追放するにあたり力を貸した者たちである。彼らに縁故を通じることは禁じられる。彼らを親密な友とする者は、不義を行う者である」と記されています。

それゆえ、現在、私たちイスラム教徒とイスラエルの間での戦争が終わらない限り、イスラム教徒の男性はユダヤ教徒の女性との結婚を禁止されます。「ユダヤ教とシオニズムは別物だ」などという意見にはなんの価値もありません。現実にはユダヤ教徒は全員、シオニストです。なぜなら、シオニズムの元となっているのは、ユダヤ教の聖典である旧約聖書やその注釈書だからです。ユダヤ教徒の女性は全員、精神面ではイスラエル軍の兵士なのです。

▼第四の条件

また、その女性との結婚が許されるのは、その女性と結婚しても害悪が生じる恐れが存在しない場合に限られます。結婚によって害悪が生じる恐れのある場合、その女性との結婚は禁止されます。イスラム教徒の男性と〝啓典の民〟の女性との結婚によって生じる害悪には、具体的には以下のようなものがあります。

①イスラム教徒の男性と〝啓典の民〟の女性が結婚するケースが増えすぎると、イスラム教徒の女性が結婚できなくなる恐れがあります。通常、世の中の男女の数はほぼ同数です。しかし、結婚生活を送るのに十分な経済力を備えた独身男性の数は、結婚適齢期の独身女性の数よりも明らかに少ないのです。もしイスラム教徒の男性と〝啓典の民〟の女性が結婚すると、その分だけイスラム教徒の女性の結婚相手は減ってしまいます。イスラム教徒の男性と〝啓典の民〟の女性との結婚が流行した場合、大勢のイスラム教徒の女性は結婚できなくなります。なぜなら、イスラム教徒の女性はイスラム教徒の男性としか結婚できないからです。

一夫多妻が極めて稀になった現代においては、このことは重大な意味を持ちます。イスラム教徒の女性の結婚の権利が脅かされる恐れのある場合には、イスラム教徒の男性と〝啓典の民〟の女性との結婚は制限されるべきです。

特に、欧米諸国などイスラム教徒が少数派である国々においては、イスラム教徒の男性と〝啓典の民〟の女性との結婚は禁止されるべきです。なぜなら、もしこれらの国々でイスラム教徒の男性がキリスト教徒やユダヤ教徒の女性と結婚した場合、誰がイスラム教徒の女性に結婚を申し込むのでしょうか？　イスラム教徒の女性は、イスラム教徒としか結婚できないのです。結婚できなかったイスラム教徒の女性は、一生独身のまま寂しい人生を送るか、道を誤って堕落するかのどちらかでしょう。このどちらの事態も、断じて回避しないといけません。

②今日、大勢のアラブ人イスラム教徒の男性が欧米諸国に留学したり、職業訓練を受けたり、出稼ぎに行ったりしています。彼らの多くはキリスト教徒の欧米人女性と結婚し、外国暮らしを終えた後、彼女を故郷に連れ帰ります。しかし、この夫婦は、宗教も母語も、国籍も習慣も考え方もすべて異なるのです。この夫婦が夫の祖国で暮らし始めた後、たとえば夫の両親が彼らの家を訪問したとします。すると、両親は息子夫婦の家がまるで欧米人の家のようになっていて、アラブ的要素やイスラム的要素が完全に失われていることに仰天するでしょう。

その家を支配するのは、夫であるイスラム教徒の男性ではなく、妻であるキリスト教徒の女性なのです。この事実を知った両親は、まるで息子がもう死んでしまったかのような気持ちになり、落胆して帰っていくでしょう。

そしてこの夫婦に子どもが生まれると、悲劇はいっそう拡大します。ほとんどの場合、子どもは父親の意志ではなく、母親の意志に沿って成長します。子どもは父親からよりも、母親から強い影響を受けるのです。子どもは母親の考え方や習慣を尊重し、母親の宗教を信じるようになります。

つまり、この夫婦から生まれた子どもは、父親がイスラム教徒なので名目的にはイスラム教徒ですが、その内実はキリスト教徒のようになるのです。これは、私たちイスラム教徒にとって大変な損失です。

キリスト教徒の欧米人女性と結婚したアラブ人イスラム教徒の男性が、そのまま欧米に永住することになった場合、事態はより深刻です。キリスト教徒である妻の一族の中で暮らしている間に、この男性は徐々に自分の宗教や家族や故郷のことを忘れていくでしょう。そしてこの夫婦の子どもは、顔つきや名前にアラブ人イスラム教徒らしさが残っている点を除くと、考え方や行動様式や宗教も、欧米人キリスト教徒と同じになってしまうでしょう。

この子どもは、自分の出自がアラブ人のイスラム教徒であることすら忘れてしまうかもしれません。このような損害は、是非とも防がないといけません。多くの国々は大使や軍高官が外国人女性と結婚することを禁止していますが、それはこうした損害を防ぐためなのです。

以上述べたことをまとめると、イスラム教徒の男性が〝啓典の民〟の女性と結婚する場合、その女性は夫であるイスラム教徒の男性の主導権のもとに入る義務を負います。妻は夫に影響を及ぼすのではなく、夫から影響を受ける存在です。妻は夫に対して主体的に働きかけるのではなく、夫の行為に対して受動的に応じる存在です。このような夫婦の妻は、将来的にはイスラム教に入信することを期待されているのです。もちろん、入信は強制されるものではありませんから、入信しないことは妻の自由です。

しかし、その場合でも妻はイスラム教の慣習やマナーに従うべきです。つまり、妻はこれまでの信仰を維持した場合でも、行動レベルではイスラム社会に溶け込むことを要求されるのです。そして、こうすることによって非イスラム教徒の妻が、イスラム教徒である夫や子どもに悪影響を及ぼす事態が回避できるのです。

このような夫婦に子どもが生まれた場合、夫は子どものイスラム教徒としての信仰心が乱されることのないよう、全力を尽くすべきです。夫には、妻が子どもに悪影響を及ぼすのを阻止する義務があります。

しかし、今日、教育水準の高い女性に対する男性の支配力は弱まりました。女性、特に欧米の女性は強くなりました。私たちはこの事実を、率直に認めるべきです。

こうした状況を考慮すると、様々な害悪の発生を防ぐためには、イスラム教徒の男性と〝啓典の民〟の女性との結婚は禁止されるべきです。もちろんイスラム教では、理論上はイスラム教徒の男性と〝啓典の民〟の女性との結婚は認められています。しかしイスラム教徒同士の結婚のほうが、より望ましいものであることは疑いありません。信仰を共有する夫婦のほうが、より幸せな結婚生活を送れるのは当然のことでしょう。

第4章

夫婦のセックスと離婚についての悩み

20歳以上年上の夫は私にやさしい言葉も笑顔もありません

Q. 私は、20歳以上年上の夫と結婚しています。私は、夫が私を心から愛し、私に甘い言葉をささやいてくれたなら、そして優しい笑顔を見せてくれたなら、年齢差は夫婦間の障壁にはならないと考えていました。でも残念なことに、夫は私に笑顔を見せることも、甘い言葉をささやいてくれることもありません。そのため、私は夫の心の中に自分の居場所があるのか自信を持てないでいます。

夫は生活費をきちんと出してくれています。また、夫は私に暴力を振るうこともありません。しかし妻が夫に望むことは、それがすべてではないのです。私は「夫にとって自分は料理人、子ども製造工場、セックスの相手をする機械に過ぎないのでは」と感じています。私はこうした状況にうんざりし、むなしさを感じています。特に、夫から深く愛され、幸せに満ちた結婚生活を送っている女性たちの姿を見ると、いっそう気が滅入ります。

私は一度、このことについて夫に文句を言ったことがあります。すると夫は「私が君に対する義務を怠ったことがあるかい？　私は生活費を出しているし、服も買ってあげているじゃないか」と言いました。

そこで質問なのですが、イスラム法的には夫が妻に対して負う義務は、食費や衣料費や住居費の支出といった、経済的なことだけなのですか？　イスラム法では、夫婦生活の精神的側面はいかなる価値も持たないのですか？　私は教養のある人間ではありませんが、とてもそうは思えません。精神的側面は、家族の幸せや安定に大きな影響を及ぼすのですから。夫婦生活の精神的側面について、どうかご説明下さい。

A

質問者は、健全な心と慎ましい教養に基づいて、この問題を正確に理解なさっています。その理解は、イスラム法の教えと一致する正しいものです。

イスラム法は、食費、衣料費、住居費、医療費などの経済的支出を、妻に対する夫の義務として定めています。しかし、イスラム法は夫婦生活の精神的側面を決して無視していません。いにしえの詩人が「あなたは心を持っているから人間なのであり、体を持っているから人間なのではない」と述べているように、精神を欠いた人は、もはや人ではありません。

コーラン30章21節には「かれ（神）があなた方（人間）自身から、あなた方のために配偶者を創られたのは、かれ（神）の徴《しるし》の一つである。あなた方が彼女らによって安らぎを得るよう、あなた方の間に愛と情けの念を植え付けられる。本当にその中には、考え深い者への徴がある」と記されています。このようにコーランは「心の安定や愛情、夫婦が相手を慈《いつく》しむ心こそが、夫婦生活の目的である」と定めているのです。これらはすべて精神的側面のことであり、経済的側面のことではありません。そして夫婦から愛情や相手を慈しむ心が失われると、両者は体だけは近くにいても互いの心は遠く離れていることとなり、夫婦生活は意味を失います。

多くの男性は「夫の妻に対する義務は生活費を支払うことだけ」と考え、間違いを犯してきました。彼らは「女性は食事や服のためにお金を必要としているだけでなく、それと同様に、あるいはそれ以上に夫からの笑顔や甘い言葉やキスを必要としている」ということを忘れています。夫からそうした笑顔や言葉を得られると、女性の悩みは消え去り、夫婦生活は幸せなものとなるのです。

中世の高名な思想家ガザーリーは、健全な家族生活のために不可欠な、夫婦生活における礼儀作法や夫婦間の権利・義務について述べました。それによると、「夫は妻に対して良い行いをすること。夫は妻に暴力を振るわないだけでなく、妻が夫の悪口を言うなどした場合、それに我慢し、さらに夫のほうから妻をなだめること」とされています。

このことについて最良の模範となるのは、預言者ムハンマドです。預言者ムハンマドは宣教や教育、国家建設や外敵との戦いなどで極めて多忙だったうえ、さらに断食や礼拝などに多くの時間を費やしていました。それでも預言者ムハンマドは率先して妻たちの相手をしていましたし、夫婦喧嘩の際にも怒った妻の一時的な家出を認めたように、妻に対して寛大な姿勢を示していました。預言者ムハンマドは、妻が夫に対して持つ権利を無視することはなかったのです。妻が食べ物や衣類を必要としているだけでなく、夫からの愛情も必要としていることを、預言者ムハンマドは決して忘れませんでした。

また、中世のもう一人の高名な思想家イブン・カイイムは、預言者ムハンマドの夫婦生活について「預言者ムハンマドは夜になると妻たちのもとへ順番に通い、毎晩、一人の妻と夜を共にした。その際、預言者ムハンマドは特定の妻を贔屓《ひいき》することはなく、すべての妻と同じ時間ずつ、夜を共にしていた」と述べています。

以上のことから分かるように、預言者ムハンマドは妻たち全員を大切にしていました。

預言者ムハンマドは、宣教や国家建設の激務に忙殺されながらも、これほどまでに妻のことに気を配っていたのです。コーランに明記されているように、預言者ムハンマドはあなたたちの模範です。ですからすべてのイスラム教徒の男性は預言者ムハンマドを見習い、妻のことを大切にしてあげないといけません。

イスラムを読み解くキーワード

ガザーリーとイブン・カイイム

ガザーリー（西暦一〇五八〜一一一一年）は、イランのトゥース出身。イスラム史上最大の思想家の一人。若くして当時の最高学府である、バグダッドのニザーミーヤ学院の教授に就任。しかし、その数年後に教授職を辞し、スーフィー（イスラム神秘主義の修行者）となって放浪の旅に出ました。その後、故郷のトゥースにスーフィーの修行場を設立して修行を続けたほか、一時はニザーミーヤ学院の教授にも復帰しました。彼は『宗教諸学の再興』など多くの著作を残しましたが、これらの著作は今日でも大勢のイスラム教徒に読まれています。ちなみに日本語で容易に入手できる彼の著作としては、ガザーリー著『誤りから救うもの』（中村廣治郎訳、ちくま学芸文庫、二〇〇三年）が挙げられます。

イブン・カイイム（一二九二〜一三五〇年）は、シリアのダマスカス出身。ハンバル学派のイスラム法学者。著名なイスラム法学者イブン・タイミーヤに師事し、師匠と共に投獄されました。

イブン・タイミーヤとイブン・カイイムの思想は後に、いわゆるイスラム原理主義の理論的土台の一つになったと言われています。

妻が私の要求を拒むので
セックスの問題で争いが絶えません

Q.

「イスラム教徒たるもの、宗教上の問題について質問することを決して恥ずかしがってはならない」と私は教わってきました。だから、どうか以下の質問をお許し下さい。

私の質問は、夫婦のセックスについてのものです。私たち夫婦の間では、セックスの問題で争いが絶えません。多くの場合、私が妻とのセックスを望み、妻にそれを求めるのですが、妻は要求に応じることを拒みます。きっと妻は疲れているか、セックスしたくないのか、あるいは何か他の理由があるのでしょう。この夫婦間のデリケートな問題について、イスラム法はルールを定めているのでしょうか？　それとも何もルールを定めず、当事者である夫婦間で解決すべきとしているのでしょうか？　そうだとすると、夫婦間で意見の合意に至らなかった場合は、どうすればいいのでしょうか？

　この問題はおおっぴらに言えるようなものではないので、私たち夫婦は人に相談することもできずにいます。どうか、お返事いただきますようよろしくお願いします。

　どんなことについてでも、質問することを恥ずかしがる必要は全くありません。預言者ムハンマドの時代、当時のイスラム教徒の女性たちは、生理や出産、セックスやその際の浄《きよ》めなどについて率直に質問していました。当時は郵便も電話もないので、質問する際、女性は相手の前で直接話す必要がありました。口頭で質問することは、現在のように手紙や電話を介して質問することに比べ、ずっと恥ずかしかったはずです。

　また昔も今も、モスクで開かれる勉強会では、セックスや自慰を行った場合、夢精してしまった場合、性器に手を触れた場合などに、どうすべきかについてすべての人びとに教えています。こうした問題を語ることは、なんら悪いことではないのです。

さて、セックスは夫婦生活において非常に重要なものです。夫婦がこの問題に無関心で正しくセックスを行わないでいると、夫婦生活は歪み、ついには破綻《はたん》してしまうでしょう。

一部の人びとは「夫婦の性生活は、イスラム教が扱うことではない」と考えています。また、別の人びとは「イスラム教は非常に高邁《こうまい》な教えだから、性生活のような俗っぽい問題には関与しない」と思っています。しかし、このどちらも間違いです。一部の宗教は性を汚いもの、動物的で下等なものとみなしています。彼らは、その影響で同じように考えてしまったのでしょう。イスラム教は、人間生活のデリケートな側面を無視することはありません。夫婦間のセックスについても規則を定めています。

イスラム教は、まず人間が性欲を持つことを認めます。さらに、イスラム教は性欲を汚れたもの、不浄なものとみなす歪んだ考えを非難しています。それゆえ、男性が女性を遠ざけて結婚を拒むことや、性欲を捨て去ろうとすることを禁止しています。

また、イスラム教は「男女は結婚後、性欲の求めに応じて相手とセックスしてよい」と定めています。それどころか、イスラム教では夫婦間のセックスは信仰の一部であり、神に近づく行為であるとされています。「夫婦間でセックスを行った者は、神のもとで報奨を与えられる」という趣旨の言葉を、預言者ムハンマドは述べています。

ただし、イスラム教は「男女では男性のほうが性欲が強く、また性欲を我慢する忍耐力が弱い。だからセックスを要求するのは夫の側であり、妻はその要求に応じる側である」とも定めています。一部の人びとは「性欲は女性のほうが強い」と述べていますが、それは間違いです。

以上の理由により、夫が妻とのセックスを望んだ場合、妻にはそれに応じる義務があります。妻は正当な理由がある場合を除くと、それを拒んではなりません。妻が拒んだ場合、夫は満足できぬまま夜を過ごすことになります。その結果、欲求不満がたまり、夫は妻以外の女性とのセックスなど悪しき行為に走る恐れがあります。ですから、妻が夫の要求を拒むことは禁止されます。

預言者ムハンマドは「夫が妻にセックスを求め、妻がそれを拒み、夫が怒りを抱えて夜を過ごすことになった場合、天使は朝になるまで一晩中呪い続ける」と述べています。ただし、妻が病気である、あるいは酷く疲れているなどセックスを拒む正当な理由が存在する場合は別です。このような場合、妻にはセックスを拒む権利があります。

なお、以上述べたことに基づき、イスラム教では妻がラマダン月以外の時に自発的な断食を夫の許可なく行うことは禁止されています。妻が勝手に断食を行うことが認められると、夫が妻とセックスする権利が損なわれるからです。

イスラム教は、男性が強い性欲を持つことを十分考慮していますが、一方で女性が性欲を持っていることを忘れてはいません。女性にも、性欲を満たす権利が与えられています。預言者ムハンマドの時代、ある男性イスラム教徒は昼も夜も礼拝や断食などに明け暮れていて、妻をほったらかしにしていました。妻から不平を聞いた預言者ムハンマドは男性に「あなたには妻の相手をする義務がある」と述べました。

また、中世の高名な思想家ガザーリーは「妻の性欲を満足させるのは夫の義務だ。妻が十分満足しているならばセックスの回数を減らしても構わないが、夫は基本的に四日に一日は妻とセックスすべきである。イスラム教では妻は最大四人とされているが、四人の妻を持つ夫が毎日一人の妻とセックスした場合、各々の妻は四日に一日、夫とセックスすることになる。これに準じて、妻を一人しか持たない場合でも、夫は四日に一日は妻の相手をするべきだ」と述べています。

イスラム教は「男性は、セックスで自分だけ満足できればよいと考えるべきではない。女性の気持ちのことも考えるべき」と教えています。だからこそ、「セックスを行う前にはキスや前戯を行うべきだ。それらを省いて、人間のセックスが獣の交尾と同じものになっていはならない」という趣旨の言葉が、預言者ムハンマドから伝わっているのです。前述の高名な思想家ガザーリーは、セックスの際の礼儀作法について以下のように述べています。

「セックスを行う際、最初に『神の御名のもとに』と唱えて悪魔を追い出すことが望ましい。また、セックスは夫婦双方がシーツなどの布に包まれた状態で行われるべきだ。行為に入る前に、甘い言葉をささやき合い、口づけを交わすこと。預言者が述べているように、夫は獣のように妻にのしかかるべきではない。また、夫は妻に言葉をささやくことも妻を楽しませることもなく、自分だけ先に満足してセックスを終わらせてはならない。預言者も、こうしたことをしてはならないと述べている」

「夫が先に満足した場合、夫は妻が満足するまで行為を続けること。女性が満足を得るのが男性より遅れることは、しばしば起こり得る。男性が先に満足して行為をやめてしまうと、女性が苦しむことになる。なお妻にとっては、夫婦が同時に性的に満足できることが望ましい。夫が先に満足し、それに遅れて妻が満足した場合、妻は恥ずかしさを感じることになるからだ」

また別の思想家によると、セックスには子孫を作ること、精液など体に貯まった水を出して健康を維持すること、性欲を満たすことの三つの目的があります。男性の性欲が満たされることによって、男性はよその女性を好奇の目で見ることがなくなります。また、男性は夫婦間以外での禁じられているセックスを慎むようになり、その結果として女性にも性犯罪などの被害に遭わなくなるという利益がもたらされます。

預言者ムハンマドも、セックスを好んでいました。また、人びとがセックスを行うと子孫の数が増え世界はいっそう発展します。それゆえ、イスラム教は人びとに早期の結婚を奨励しています。結婚できる年齢になった人びとは、なるべく早いうちに結婚すべきとされています。

以上をまとめると、イスラム教は夫婦間のセックスについても規則を定めています。コーランの中にも、夫婦はどのような時にセックスしてよく、どのような時に禁じられているのかなどが明確に記されています。

ちなみに、セックスはどのような体位で行っても構いませんが、アナルセックスは絶対に禁じられています。またラマダン月の日中には、セックスは禁止されています。ただしその時であっても、キスをしたり抱き合ったり相手の体に触れ合うことなどは禁止されていません。

断食中に夫が妻にキスをすることは許されますか

Q.

断食中の夫は、妻にキスをしてもいいですか？

A.

夫に自制心があって、妻に対してキス以上のことをしないならば、断食中でもキスをして構いません。預言者ムハンマドの妻から伝わる言葉によると、預言者は断食中にも妻にキスをしていました。

しかし、ある若者が預言者ムハンマドに「断食中にキスをしていいですか？」と聞くと、預言者ムハンマドは「ダメだ」と答えました。そしてある老人が預言者ムハンマドに「断食中にキスをしていいですか？」と聞くと、預言者ムハンマドは「構わない」と答えました。そして預言者ムハンマドは「老人は自制心があるので、断食中でもキスをしてよいのだ」と言ったのです。

ラマダン月の昼間に夫婦がセックスしたらどうなるか

Q 断食期間であるラマダン月の昼間に夫が妻とセックスしたら、どうなるのでしょうか？

A ラマダン月の昼間にセックスした場合、その人の断食は無効となります。だからその人は、贖罪行為を行う必要があります。ラマダン月の昼間の断食期間中に、夫婦が合意のうえでセックスしたのであれば、夫婦双方が贖罪行為の義務を負います。一方、妻が望んでいなかったのに夫が無理矢理性行為に及んだ場合、あるいはなんらかの理由で当時の妻に断食の義務が課されていなかった場合には、夫だけが贖罪行為の義務を負います。

ある男性が預言者ムハンマドの所に、「ラマダン月の昼間に、妻とセックスしてしまいました。どうすればいいでしょう？」と相談に来た時、預言者ムハンマドは「あなたが奴隷を所持しているならば、贖罪行為としてその奴隷を解放しなさい」と言いました。男性が「私は奴隷を所持していません」と言ったので、預言者ムハンマドは「では、二ヶ月間連続して、日中の断食を行いなさい」と言いました。すると男性が「それもできません」と言ったので、預言者ムハンマドは「では、六〇人の貧しい人びとに食事を配りなさい」と言いました。

男性が「私は貧しいのでそれもできません」と言ったので、預言者ムハンマドはナツメヤシの実がなっている枝を持ってきて、「これを貧しい人に配りなさい」と言いました。すると男性は「これを私たちより貧しい人に配れと言うのですか？　私たちより貧しい人など、この町には誰もいません」と言いました。そこで預言者ムハンマドは大笑いして、「では、このナツメヤシをあなたの家族が食べなさい」と言いました。

断食月の昼間にセックスした場合、贖罪行為はもちろん必要ですが、贖罪行為は各人の経済力などに見合った範囲で行えばよいのです。

夫以外の男性を愛することは罪なのでしょうか

Q 既婚女性は、夫以外の男性を愛してもよいのでしょうか？　人間の心は自分でコントロールできるものではないのですから、夫以外の男性を愛することは罪ではないですよね？

A 合法的な愛は合法ですし、禁止されている愛は禁止されています。これは、冗談でも、なぞなぞを言っているのでもありません。禁止されていることがなんであるかも、合法的なことがなんであるかも、それぞれ明確に定義されています。ただ、それを知らない人びとが大勢いるだけのことです。

合法的な愛とは、夫が妻を愛し、妻が夫を愛することです。婚約者の男女が愛し合うことも、同様に合法です。

一方、禁止されている愛とは、男性が妻以外の既婚女性を愛することです。そうしたことが起きると、その既婚女性の心はかき乱され、彼女の夫との関係に問題が生じます。そして彼女の夫婦生活から平穏が失われ、ついには不倫や姦通にいたるかもしれません。預言者ムハンマドが「姦通を行った者は、（もはや）私たちの一員ではない」と述べているように、これは非常に大きな罪です。

同様に、女性が夫以外の男性を愛することも禁止されています。女性が夫以外の男性のことを想い、本来のパートナーである夫から心が離れてしまうと、イスラム法で禁止されている行為が起きる恐れがあります。イスラム法で禁止されている行為とは、具体的には女性が夫以外の男性を見つめること、女性が男性と二人きりになること、肌に触れることなどです。さらには、より重大な罪である姦通が起きるかもしれません。事態がそこまで深刻化しなかったとしても、女性の心がよその男に向かうと、夫婦生活はかき乱されてしまうでしょう。

コーランのユースフ章（12章）には、夫のいる女性が預言者ユースフ（ヨセフ）を愛してしまい、彼を誘惑する話が記されています。この女性は、夫を裏切ることを躊躇せずにユースフを誘惑し、ユースフがその誘惑に応じないとみるや、今度は彼の投獄を企てました。

この女性の場合には、多少は弁解の余地があります。なぜなら、ユースフを奴隷として購入して家に連れてきたのは、彼女ではなく彼女の夫でした。そして、ユースフは彼女の家で一緒に暮らすようになりましたが、彼は大変な美男子だったのです。

しかし、それでも姦通が大罪であることに変わりはありません。特に姦通を犯したのが既婚の男女である場合、その罪はいっそう重くなります。姦通を犯した者に対する処罰はイスラム法で規定されていますが、未婚の男女に対する罰よりも、既婚の男女に対する罰のほうが重くなっています。

質問者への回答を続けます。他者への愛情は芽生えた当初はコントロール可能ですが、ある段階を越えてしまうと、その感情は自分でもコントロールできなくなります。人は誰かを好きになると、その人を見つめ、言葉を交わし、手紙を送ったりするでしょう。この段階では、まだその愛情はコントロール可能な状況にあります。

しかし、この段階で手綱を引き締めることを怠ると愛情は暴走します。そして、最終的に愛情はコントロール不可能な段階に到達し、人間が愛の奴隷となってしまう状況が生じます。しかし、この状況にいたったことに対して責任を負うのは本人です。

愛情が一線を越えると、その愛は本人にもコントロールできません。しかし、その第一歩を自発的意志で踏み出したのは本人です。自ら炎の中に飛び込んだ人間が、炎によって身を焼かれることを阻止しようとしても、それは不可能です。今さら炎に向かって「炎よ、鎮まってくれ。私の身を焼かないでくれ」と頼んでも、それは無理な相談です。今さら助けを求めても遅いのです。炎に焼かれる道を選んだのは、自分自身なのですから。

結論を言いますと、既婚女性は夫だけで満足しなくてはなりません。視線を夫以外の男性に向けてはなりません。争いの風が吹き込んでくる恐れのある扉をすべて閉め切っておくことは、妻の義務です。

ほかの男性への愛情が芽生える兆しを感じたら、それがまだ小さな火の粉である間に、大火事になる前に、消しておかないといけません。誰かを好きになりそうになったら、その人と会うことや言葉を交わすことを慎み、そうした気持ちをおさえて下さい。会うことがなくなれば、気持ちもだんだん遠ざかっていきます。

また、趣味に打ち込んだりして暇な時間を作らないようにすることも大切です。暇は、他人への愛情が生じる最大の原因の一つです。もし他人への愛情が生まれてしまった場合は、再び気持ちが夫だけに向かうよう、神に助けを求めなさい。その女性が誠実に夫だけを愛することを願ったならば、神が彼女を見捨てることはありません。

女性が他人への愛情を食い止めることができない場合、どうにかしてその心をおさえ、試練に耐えなさい。試練に耐え続けていれば、神が助けて下さるでしょう。

以上、女性について言いましたが、男性の場合も同様です。男性は他人の妻や近親者など、結婚することが不可能な関係にある女性を愛してはなりません。そうした感情が生じた場合、その感情に対してジハードを行うことが義務となります。

イスラムを読み解くキーワード

預言者ユースフ（ヨセフ）

イスラム教の聖典コーランに登場する預言者ユースフは、旧約聖書に登場するヨセフと同一人物です。ヨセフはヤコブ（アラビア語ではヤアクーブ）の十二人の息子の中で、十一番目の息子です。ヨセフは父ヤコブから大変可愛がられていましたが、そのため嫉妬する兄たちからは妬まれていました。

ある日、兄たちはヨセフを奴隷商人に売り飛ばし、父ヤコブには「ヨセフは死んだ」と嘘を告げました。その後、ヨセフはエジプトの高官の家に奴隷として買い取られました。しかし、その家の主人の妻がヨセフの美貌に惚れ、ヨセフに肉体関係を迫ってきたのです。ヨセフがこれを拒むと、侮辱されたと感じたこの妻は激しく怒り、「私はヨセフに襲われた」と、事実とは正反対のことを主人に告げました。主人がこの言葉を信じたため、ヨセフは投獄されました。こうしてヨセフの苦難は続きましたが、彼は他人の夢を解き明かすという特殊な能力を持っていました。ヨセフはこの能力を生かして、最終的にはエジプトの大臣にまで登りつめ、さらに父や兄弟とも再会を果たすのです。

ヨセフの生涯を簡潔に述べると、以上のようになります。コーランの第12章（ユースフ章）には、彼の生涯についての詳しい記述があります。

酔っぱらった夫が口にした「お前とは離婚だ」でも有効なのですか

Q. 私は、お酒を飲む男性と結婚しています。私の父は、彼と結婚することを希望していましたし、私自身もこの結婚に同意していました。彼は富や権力を持っていたので、当時の私たちは彼の信仰心やモラルについて深く考えなかったのです。

現在、私と夫との間には子どもがいます。夫は結婚から何年も経つのに、今もお酒を飲み続けています。私がそれをたしなめると、夫は私を罵倒し「お前とは離婚だ」と口走ります。離婚という言葉を発している時、夫は酔っぱらっているので、自分が何を言っているのか分かっていません。

私はこれまで、夫が酔って口にする離婚という言葉には、なんの効力も存在しないと考えていました。夫は酔って理性を失っており、気が狂った人間と同じ状態になっているからです。しかし、一部の人びとは私に「あなたの理解は間違っている。夫が酔っぱらって離婚という言葉を口にした場合にも、離婚は成立している。なぜなら、夫は自分の意志で酒を飲んで理性を失っているのだから、夫の口から離婚という言葉が何度も繰り返された以上、あなたと夫の間では最終的な離婚が成立している」と言いました。

これが事実ならば、私の家庭は破壊されてしまいます。子どもたちは私と離ればなれになり、ろくに面倒をみてくれない父親と一緒に暮らすことになります。

この人たちの述べたことは、イスラム法で既に確立された規則であり、全く異論の余地のないものなのでしょうか？　それとも、これとは別の見解もあるのでしょうか？　どうかお答え下さい。

A

イスラム法では、昔からこの問題について二つの考え方があります。

①離婚の発生範囲を拡大しようとする考え方。この考え方の支持者には「気が狂って離婚という言葉を口にした者、〝妻と離婚する〟との言葉を述べるよう強制された者、間違って離婚という言葉を口にした者、冗談で離婚という言葉を口にした者、怒りで我を忘れて離婚という言葉を口にした者でも、離婚という言葉を述べた以上、それで妻との離婚は成立する」と主張する人びとがいます。

また、「心の中で離婚という言葉をつぶやき、音声としてはその言葉を述べていない場合でも離婚は成立する」と主張する人びともいます。ですから、「自分の意志で酒を飲んで酔っぱらった者が離婚という言葉を述べた場合、それで離婚は成立する」と主張する人びとが存在することは、全然不思議なことではありません。

②離婚の発生範囲を縮小しようとする考え方。この考え方の支持者は「離婚という言葉を述べた者が、完全に意識があり、その言葉を意図的に述べ、さらに一定の条件を満たしている場合以外には、離婚は成立しない」と主張しています。

預言者ムハンマドの言行録を編纂したことで知られる中世の高名な学者ブハーリーは、この説を唱えています。ブハーリーによれば「怒りで我を忘れた者、他人に強制された者、酔っぱらった者、気が狂った者などが離婚という言葉を口にしても、離婚は成立しない」とされています。ブハーリーはその根拠として、以下のことを挙げています。

①預言者ムハンマドは「行為は意志を伴うこと」という趣旨の言葉を伝えています。気が狂った者や酔っぱらった者、強制された者などの言葉や行動は意志を伴っていません。

②預言者ムハンマドは、その叔父ハムザが酔っぱらった際の言動を咎めませんでした。ハムザは酔っぱらって周囲の者に暴力を振るい、さらに預言者ムハンマドに暴言を吐いたことがありました。

しかし、預言者ムハンマドはハムザを処罰しませんでした。このことは、酔っぱらった者はその言動に対して処罰を受けないことを示しています。つまり、酔っぱらった者が離婚という言葉を述べても、その言葉は有効なものとはなりません。

③第三代正統カリフのウスマーンからは「気が狂った者や酔っぱらった者には、離婚する権利がない」という言葉が伝わっています。この言葉は、上記のハムザの事例を補強しています。

かつてウマイヤ朝カリフ・ウマル二世の所にある男がやってきて「私は酔って、妻に『お前とは離婚だ』と言ってしまいました」と申し出た際、ウマル二世はこの男に飲酒の罰として鞭打ち刑を科し、さらに離婚すると言ったのだからその妻と離婚させようと考えました。しかし、周囲の者から「ウスマーンから『気が狂った者や酔っぱらった者には離婚する権利がない』という言葉が伝わっています」と言われたので、ウマル二世は考えを変え、男に鞭打ち刑を科しましたが、妻との離婚は取り消すことにしました。

ブハーリーは以上を根拠に、「酔っぱらった者が離婚という言葉を述べても、離婚は成立しない」と結論付けています。また、預言者ムハンマドと同一世代の学識者たちや、それに続く世代の学識者たちも、これと同じ見解です。

離婚発生範囲の拡大支持派は「酔っぱらった者が離婚という言葉を述べた場合も離婚は成立する」と主張していますが、彼らはその根拠の一つとして、「離婚の成立は、自ら酒を飲むという行為を行った者に対するペナルティとなる」ことを挙げています。

しかし、この主張に対しては、「離婚が成立すると、酒を飲んだ本人だけでなく、妻や子どもたちにまで被害が及ぶ。飲酒という罪を犯した本人以外が処罰されてはならない」との反対意見が存在します。さらに、「飲酒に対する罰は鞭打ち刑であることがコーランにて明確に規定されている。コーランで規定されている刑罰を、人間が勝手に改変してはならない」という指摘もあります。

以上いろいろ述べてきましたが、結論を言いますと「酔っぱらっている者は理性を失っており、自分が何を言っているのか理解できていない。また、自分が意図した言葉を言っているのでもない。それゆえ、酔っぱらった者が離婚という言葉を述べても、離婚は成立しない」というのが、正しいイスラム法の見解です。ですから、質問者は夫と離婚する必要はありません。夫が悔い改めて飲酒をやめる時が来るよう、私たちは神に祈りましょう。

正統カリフ　イスラムを読み解くキーワード

カリフとは、イスラム共同体、あるいはイスラム国家の最高指導者、すなわちイスラム教徒全体の最高指導者のことです。アラビア語での正確な発音はハリーファであり、語義的には（預言者ムハンマドの）後継者を意味します。

預言者ムハンマドは、後継者を指名することなく死亡しました。そのため、彼の死後に残されたイスラム教徒が協議を行い、アブー・バクル（五七三年頃～六三四年）を後継者に選出しました。これが、初代正統カリフの誕生となります。その後、アブー・バクルは亡くなる際、ウマル（五九一～六四四年）を後継者に指名しました。第二代正統カリフのウマルは六四四年、ペルシア人奴隷に暗殺されますが、生前、複数の後継者候補を指名していました。この後継者候補の中から、ウスマーン（?～六五六年）が第三代正統カリフに選出されます。しかしウスマーンは同族重用などを行ったため、これに反発する一部イスラム教徒は彼を殺害し、預言者ムハンマドの娘婿アリー（?～六六一年）を第四代正統カリフに擁立しました。

一方、ウスマーンの一族に属するムアーウィヤ（?～六八〇年）はアリーのカリフ位就任を認めず、六六〇年に自らカリフを名乗りました。こうしてカリフが複数存在する状況が生じましたが、六六一年にアリーが暗殺されたため、ムアーウィヤが唯一のカリフとなります。

そして彼の死後、その息子ヤズィード（六四二?～六八三年）が後を継いでカリフに就任しました。以後、カリフの地位は代々世襲されていきます。カリフ制は、実態としては王制とほぼ同じものになっていきます。

カリフ制は20世紀前半まで続きましたが、そのうち、正統カリフと呼ばれているのはアブー・バクルからアリーに至る四人だけです。ムアーウィヤ以降の人々は、カリフではあっても正統カリフではありません。世襲を行わなかった最初期のカリフだけが、正統カリフとされているのです。そして、今日でもイスラム教徒は、世襲制を取り入れなかった正統カリフの時代を、模範とすべき理想的な時代とみなしています。

しかし、実態としての正統カリフ時代は、内乱が続いた不安定な時代です。当時、世襲が確立していなかった理由も、「模範的な人物を指導者に選出するため、意図的に世襲を避けた結果」というよりは、「世襲制を確立できるほどに強い権力を持つ人物がいなかった結果」と言ったほうが、真実に近いように思えます。

初代正統カリフであるアブー・バクルの死因は不明ですが、二代目のウマルから四代目のアリーに至る三人は皆、比較的短い期間に暗殺されています。つまり当時、最高指導者が頻繁に殺害されてしまうほどに、社会は混乱していたのです。

なお、以上で私が記した説明は、すべて、イスラム教徒の約90％を占めるスンニ派の解釈に基づくものです。イスラム教徒の約10％はシーア派ですが、シーア派は初代から三代目までの正統カリフを、預言者ムハンマドの後継者とは認めていません。

シーア派は、「預言者ムハンマドは生前、後継者として娘婿のアリーを指名していた。しかし預言者ムハンマドの死後、（スンニ派にとっての初代正統カリフである）アブー・バクルがアリーから後継者の地位を簒奪《さんだつ》したのだ。よって、（スンニ派では正統カリフとされている）アブー・バクル、ウマル、ウスマーンのいずれも、預言者ムハンマドの正統な後継者とは認められない。預言者ムハンマドの後継者は娘婿のアリーであり、そして、その後を継ぐのはアリーの直系の子孫たちだ」と主張しています。

やましい理由がなければ離婚した夫婦が会っても構いませんか

Q. 離婚した夫婦でも、用事がある場合には会ってもよいのでしょうか？　もちろん、やましい理由で会うのではありません。

A! 夫婦が離婚し、そして女性の待婚期間が終了した後は、もはやその男女は元夫婦と言えども赤の他人と同じです。つまり、元夫婦が会うこと自体は構いませんが、密室状態となる場所で二人きりで会うことは禁止されます。男女が二人きりになった場合、その場所には必ずや悪魔が現れ、二人に過ちをそそのかします。それゆえ、イスラム教は夫婦ではない男女が、二人きりになることを禁じているのです。

元夫婦が会う場合には、その場に第三者が同席していることが必要です。またその際、元妻が会う相手はもはや夫ではないのですから、男性を誘惑するような服装をしてはなりません。

なお、以上は夫婦が完全に離婚し、さらに女性の待婚期間も終了した後の場合の話です。一方、まだ離婚宣言が一回目か二回目、すなわち夫婦がまだ復縁可能な状態にあり、さらに待婚期間が終了していない場合には、元夫婦は二人きりで会うことができます。

より率直に言いますと、離婚宣言が一回目か二回目で、夫婦がまだ復縁可能な状態にある時には、女性の待婚期間が終了するまでの間、元夫婦はそのまま一緒の家に住み続けるべきなのです。

最近では、夫から離婚を宣言されると、怒って家を飛び出し実家に帰ってしまう女性が多数いますが、これは良くないことです。コーラン65章1節には「彼女ら（離婚した元妻）に明白な不貞がない限り、（待婚期間終了前に）元夫が元妻を家から追い出してはならない。また、元妻は勝手に家を出て行ってはならない」と記されています。

コーランの言葉を守って元妻が引き続き家の中に住み続けていれば、きっとそのうちに元夫から元妻への愛情がよみがえり、二人は復縁して以前のような円満な夫婦に戻るでしょう。夫が妻に離婚を宣言した後も、離婚が完全に成立していない状態では、妻は勝手に家を出て行ってはならないのです。同様に、夫も妻を家から追い出してはなりません。

離婚宣言 イスラムを読み解くキーワード

イスラム教では、基本的に夫が妻に対して離婚宣言を行うことで離婚が成立する。ただし離婚宣言が一回目、もしくは二回目の場合には、夫が復縁を望めば、復縁は可能。しかし、三回目の離婚宣言が行われた後は、復縁は原則として認められない。

一度もセックスせずに離婚した場合でも待婚期間終了まで再婚できないのか

Q. 結婚し、一度もセックスをしないいまま、一週間後に離婚したとします。この場合でも、女性は待婚期間が終了するまで、すなわち生理が三回終了するまで再婚できないのでしょうか？

A. 一度もセックスせずに離婚した女性は、待婚期間の終了を待たなくても再婚できます。このことについては、コーラン33章49節に「おお、信仰する者たちよ。

あなたたちは信仰者の女性と結婚し、彼女に触れないうちに離婚する場合には、彼女たちについて定めの期限を計算しなくてもよい。彼女たちに贈与をなし、面目を立てて、きれいに離別しなさい」と記されている通りです。

そもそも、女性に待婚期間が定められていることには、二つの目的があります。第一の目的は、女性が妊娠していないか確認することです。夫婦がセックスしていた場合、女性が妊娠していないことを確認するために、一定期間様子を見る必要があるのです。

第二の目的は、女性が前夫との離婚直後、直ちに別の男性との夫婦生活に入るのを回避することです。

ある男性と夫婦生活を送っていた女性が直ちに別の男性と夫婦生活を送ることは、決して望ましいことではありません。待婚期間は、前夫との夫婦生活と新たな夫との夫婦生活の間に一定の時間的空白を設ける、バリケードの役割を果たしているのです。

さて、夫婦が一度もセックスせずに離婚した場合、その夫婦は真の夫婦生活を送っていないことになります。ですから、女性の妊娠を確認する必要も、再婚までに時間的空白を設ける必要もありません。それゆえ、この女性は待婚期間の終了を待たずに再婚できるのです。

待婚期間　イスラムを読み解くキーワード

イスラム教では、通常、離婚後、女性は生理が三回終了するまでは再婚できない。これを待婚期間という。

パーティー好きの夫のせいで酒とタバコに溺れてしまいました

Q.

私は二児の母親です。夫はいつも、私をパーティーに連れて行きます。あまりに頻繁にパーティーに連れて行かれた結果、私は酒とタバコに溺れてしまいました。もはや、私は片時たりとも酒やタバコなしでいることはできません。

そこでお聞きしたいのですが、現在の私の状況を招いた責任は、私自身と夫のどちらにあるのでしょうか？　私をパーティーに連れて行ったのは夫です。私がパーティーへの同伴を拒んだならば、夫は私に暴力を振るったでしょう。どうか、私の質問にお返事下さい。

イスラム社会の男女は、なんと堕落してしまったのでしょうか。全く嘆かわしいことです。この質問の事例では、夫婦の双方が罪を犯しています。つまり、責任は夫婦双方にあります。

最初に罪を犯したのは夫です。夫には、家族を守り、彼らが地獄に堕ちないよう目を配る義務があります。コーラン66章6節には「おお、信仰する者たちよ。人間と石を燃料とする地獄（の業火）から、あなたたち自身と家族を守れ」と記されています。つまり、夫には自分自身や家族が地獄に堕ちないようにする責任があるのです。

家族に食べ物や衣料を与えること、病気になった場合に治療を受けさせること、子どもに教育を提供することは父親である夫の義務ですが、それと同様に家族を地獄から遠ざけ、天国に近づけることも彼の義務なのです。妻に最高級の服を買い与えたとしても、子どもたちを名門校に通わせたとしても、最終的に彼らが地獄に堕ちたならば、こうした現世での行為は全くの無駄になってしまいます。

夫には、酒やパーティーのような邪悪なものから妻を守る義務があります。男女が同席するパーティーは、本来欧米社会のものですが、現在ではイスラム社会でも行われるようになりました。

しかし、夫は妻をこのような場所に連れて行ってはいけません。妻をパーティーに連れて行った結果、夫は妻を天国から遠ざけ、地獄に近づけてしまいました。この行為に関しては、夫に非があります。

ただし、妻にも責任はあります。妻は機械でも動物でもなく、理性と意志を備えた人間です。妻は、夫に対して「いやだ」と言うことができるのです。夫が罪を犯そうとしている場合には、特にそう言うべきです。人間の間に身分の上下関係があったとしても、「罪を犯せ」との命令には従ってはならないのです。このことは、夫婦関係以外にも当てはまります。

たとえば、統治者には臣民に犯罪行為の実施を強要する権利はありません。両者の関係が、司令官と配下の兵士、主人と召使い、夫と妻、父親と子どもなどの場合も、これと同じです。

いかなる人間も、犯罪行為を強要する権利はありません。預言者ムハンマドも、そのように言っています。

夫が妻に犯罪行為を命じた場合、それを拒むことが妻の権利であり、さらには妻の義務なのです。たしかに、夫には妻からの服従を得る権利があります。一方、神には犯罪行為を禁じる権利があります。つまり、夫が妻に犯罪行為を命じた場合、「妻からの服従を得る」という夫の権利と、「犯罪行為を禁じる」という神の権利はぶつかり合います。しかし、夫の権利よりも神の権利のほうが優先されるため「妻は夫の命令を拒否すべき」ということになるのです。

したがって、夫が妻にパーティーへの出席や飲酒を要求した場合、たとえ夫と離婚することになってでも、妻はこれを拒否すべきでした。すなわち、夫の要求に応じてパーティーに出席したことについては、妻に非があります。もちろん、要求した夫にも非はあります。

質問者の夫婦が、地獄へといたる道を離れて、正しい道へ復帰することを私は願っています。

ちなみに、夫の堕落した素行に不平を言う妻からの手紙は、この他にも私の所にたくさん届いています。

外見に無頓着な夫が私にだけきれいにしろと要求します

Q 私の夫は、自分自身の外見には全く無頓着なのに、私に対してはきれいに化粧をして着飾るよう要求します。イスラム教は、このような問題をどう判断しているのですか？

A 夫が外見に気を遣い、自分の体を清潔にしておくことは、とても重要なことです。夫が妻の心を自分に惹きつけるには、こうしたことが大きな影響を持ちます。

一部の人びとは、「夫は妻のために外見に気を遣うべき」という言葉に違和感を感じるかもしれません。しかしその人たちは、人は美しいものを好む性質を持つということを忘れていないでしょうか。たしかに、美しいものを好む気持ちは男性よりも女性のほうが強いかもしれませんが。

イスラム教は美しいものを称賛し、醜いものを嫌います。ですから、「夫は妻のために外見に気を遣うべき」という私の言葉は、イスラム教の原則に基づくものです。夫が外見に気を遣わず不潔でいると、そのうち、妻が怒り出すことは疑いありません。預言者ムハンマドは「男たちは服を洗濯し、髪を洗い、体を清潔にしておきなさい」と述べていますが、このことも夫が妻のために外見に気を遣うことの重要性を示しています。

昔、第二代正統カリフ・ウマルの時代に、ある女性がウマルの所に来て「夫と離婚したい」と申し立てたことがありました。そこで、ウマルが夫を呼び出すと、その夫は髪がボサボサで体は埃まみれでした。ウマルは女性に数日間待つように言い、その間に男に髪を切り新しい服に着替えるよう命じました。

ウマルがその後に再び夫婦を呼び出すと、今度は妻は離婚を要求せず、夫と一緒に家に帰っていきました。

この故事が示しているように、夫が妻のために身なりに気を遣うことは、非常に大切なことなのです。

夫が妻の出産に立ち会うことは許されますか

Q. 夫は妻の出産に立ち会ってよいのでしょうか?

A! 夫が立ち会いを希望するならば、妻の出産に立ち会うことは全く問題ありません。夫が立ち会うことによって、妻の出産時の苦しみを和らげることができますし、「自分も妻と一緒に出産に参加している」と夫婦の一体感を感じることができるからです。

私はヨーロッパに暮らすイスラム教徒の男性から、実際に立ち会った際の話を聞きました。それによると、出産時に夫が立ち会うことによって妻は安心感を抱くそうです。また、夫は立ち会うことによって女性の出産時の苦しみを知り、母親が自分を生んでくれたありがたさを理解することができます。そして、夫は将来子どもたちに、母親が彼らを生んでくれたありがたさを語り聞かせることができるでしょう。

なお、一部の男性は「妻の性器を見ることは良くないこと」と考え、出産に立ち会うことを嫌がっていますが、これは正しい考え方ではありません。「預言者ムハンマドは妻と一緒に入浴していた」という伝承からも明らかなように、夫が妻の性器を見ることは全く問題ないのです。

新婚の妻が処女ではなかったので離婚することができますか

Q. 新婚の妻が、処女ではないことが判明しました。妻は「神に誓って、私は今まで誰ともセックスしたことはない。おそらく、スポーツをしていた際に処女膜を失ったのだ」と主張しています。この場合、夫は妻と離婚できるのでしょうか？

A!

離婚は神が合法となされたことの中で、最も嫌悪されるべきものです。夫は、つまらぬ理由で離婚を急いではなりません。

離婚は妻の心を打ち砕き、家庭を破壊するものです。離婚せざるを得ない深刻な理由がある場合以外は、離婚すべきではありません。結婚直後の離婚は女性に悪い噂が立つことになるので、特に回避すべきです。

質問者のケースでは、妻は「スポーツをしていた際に処女膜を失った」と主張しています。この主張は十分信用に値するものです。女性が運動中に処女膜を失うことは、しばしばありますから。女性が「神にかけてこれまで誰ともセックスしていない」と主張しているのならば、その主張を信じてあげるべきです。

イスラム法の原則では「相手が過ちを犯したと主張する者には、その証拠を示す義務がある。一方、過ちを犯した疑惑がかけられている者には、誓いの言葉を述べて疑惑を晴らす義務がある」とされています。

質問者のケースでは、相手が過ちを犯したと主張する者＝夫で、疑惑がかけられている者＝妻です。つまり、夫には「妻が、結婚前に別の男とセックスした証拠」を示す義務があります。

一方、妻には「神にかけて、誰ともセックスしたことはない」と誓いの言葉を述べる義務がありますが、「自分が誰ともセックスしていない証拠」を示す義務はありません。また、夫には妻にそうした証拠を要求する権利はありません。

夫婦は可能な限り仲良くやっていくべきであり、むやみに相手を疑うべきではないのです。

仮に「実は妻は結婚前に過ちを犯し、別の男性とセックスしていた。しかし、その後妻は悔い改め、品行方正な人物になった」と仮定しましょう。この場合、神は彼女の改悛《かいしゅん》を受け入れ、彼女の罪をお許しになります。つまり、罪を悔い改めた者は、罪を犯さなかった者と同じなのです。

神は、悔い改める者を愛されます。ですから、もし彼女が結婚前に過ちを犯していたとしても、私たちは彼女を許すべきなのです。人は誰でも、過ちを犯します。その後に悔い改めることが、大事なのです。

同棲していた男女の結婚に対するイスラム法学者の見解

Q. あるイスラム教徒の男性が、イスラム教徒の女性と同棲していました。その後、男性は女性と正式に結婚することを希望しました。すると男性は周囲の人びとから、「同棲していた男女が結婚する場合には、待婚期間が必要だ。男性はその期間女性と離れて暮らし、女性が妊娠しているか否かが判明した後、この女性と結婚して再び一緒に暮らすことになる」と聞かされました。このような場合、二人はどうすべきなのでしょうか？

A! 男女が結婚せずに同棲することは、姦通の罪を犯すことです。このような男女が悔い改め、汚れた生活をやめて清らかな生活を送るようになることは、大変望ましいことです。周囲の人びとは、この二人が結婚して正しい生活を送ることを手伝ってあげるべきです。

さて、同棲していた女性に待婚期間が必要か否かについては、イスラム法学者の間で意見が分かれています。私自身は、このケースでは女性が妊娠していたとしても、待婚期間は必要ないと考えています。

待婚期間は、生まれてくる子どもの父親が誰であるかを確定するためのものです。質問者のケースでは、女性は同棲相手の男性以外とは性的関係を有しておらず、たとえ女性が妊娠していたとしても、子どもの父親がこの男性であることは確実です。ですから私は、待婚期間は必要ないと考えます。

なお、結婚前の女性が複数の男性と性的関係を有しており、結婚予定の男性とは別の男性の子どもを女性が妊娠していた場合でも、その男女の結婚は認められます。ただし、この場合には預言者ムハンマドの言葉に基づき、女性が別の男性との間にできた子どもを出産するまでは、結婚後もこの男女間でのセックスは禁止されます。

一方、このケースのように女性が同棲相手の男性以外とは性的関係を有していない場合には、女性が妊娠していたとしても、この男女は女性の妊娠期間中にセックスして構いません。

一夫多妻の夫が守らなければならないイスラム教のルール

Q.

「妻が病気になり家事をすることができなくなった場合には、夫は二人目の妻と結婚して構わない」ということはよく知られています。でも、妻が夫のために献身的につくしていて、妻に落ち度がないのに二人目の妻と結婚している男性がいます。

この問題の規則は、どうなっているのでしょうか？

A.

神は妻が家事をするために、男女間の結婚を定めたのではありません。結婚には、それ以外にも多くの目的があるのです。

妻が家事をすることは、結婚に付随することではありますが、結婚の根幹ではありません。たとえば、経済的に余力があれば妻が家事を拒否したとしても、夫は家政婦を雇えばいいのです。

つまり結婚の目的は、妻が夫のために家事をすることではないのです。結婚の目的は、男性を満足させることです。仮に、妻が夫を満足させず、逆に夫が妻に不満を抱いているケースを想像して下さい。その場合、妻が夫を独占した状態が続くと夫の不満がたまり、ついには夫は妻以外の女性に目を向け、不倫などに走ることになりかねません。こんなことは許されないことです。

何かの問題について議論する時、問題を特定の面からのみ考察することは良くないことです。

では、男性がある女性に二人目の妻になるようプロポーズし、女性がそれを承諾するのはどうしてでしょうか？

その女性は熟慮の結果、「その男性の二人目の妻になったほうが自分にとって望ましい」と考えたので、結婚を承諾したのです。女性によっては、男性の四人目の妻になることを承諾する人もいるでしょう。

物事は客観的に判断すべきです。女性にとって好都合、あるいは不都合なことだけを持ち出して判断を下すべきではありません。

イスラム教は一夫多妻を許可しましたが、その一方、一人目の妻の権利は保障されています。また、夫が二人目の妻と結婚することを容認したくないのならば、女性は結婚時に「夫が二人目の妻と結婚する場合、一人目の妻とは離婚すること」という契約を夫と交わしておくことができます。しかしながら、一夫多妻は神が認めたことです。私たちは神が認めたことについて、あまり議論すべきではありません。

今まで一夫多妻のせいで多くの問題が生じましたが、これは人びとが「一夫多妻は合法である」という規則だけを採用したからです。神はその規則と共に「夫は、すべての妻を平等に扱う義務を負う」という規則も定めています。一夫多妻の男性は、すべての妻を平等に扱う義務を負うのです。

男性が妻を平等に扱うことができないと、人びとは一夫多妻制の正しさに疑問を抱きます。でも、男性が妻全員を平等に扱い不公正を行わないならば、一夫多妻に起因する微妙な問題は生じないのです。

第二代正統カリフ・ウマルの時代、ある男性が礼拝に没頭して妻をほったらかしにしていました。妻は、このことが不満でウマルに訴え出ました。妻は「夫は昼間は断食し、夜は夜通し礼拝を行っています。私は夫が神に祈っていることについて、本当は文句を言いたくはないのですが」と言いました。

ウマルはこの不平にあまり関心が向きませんでしたが、その場にいた別の男が「彼女は夫に構ってもらえないことに不満があるのです」と言ったので、ウマルはこの問題の裁定を、その男にまかせました。

女性の夫に話を聞くと、夫は「私は神を畏《おそ》れているので、礼拝に没頭していたい」と言いました。そこで、男はこの夫婦に対して、「妻が四人いて、四人を平等に扱うとしたら、四日間に一日ずつ妻の相手をすることになる。だから夫は四日間のうち三日間は、好きに祈っていてよい。夜通し礼拝していようが、何をしようが構わない。しかし残りの一日は、妻と一緒に過ごすこと」という裁定を下しました。ウマルはこの裁定に感心し、男を要職に任命しました。

このように、一夫多妻は合法ですが、その一方、夫はきちんと妻の相手をする義務を負うのです。

生理中の女性とセックスした男性は贖罪の義務を負う

Q 生理中のセックスは、男女双方に身体的にどのような害をもたらしますか？　また、生理中の女性とセックスした男性は、どのような贖罪《しょくざい》行為を行うべきですか？

A 生理中のセックスは不妊を引き起こすうえ、子宮を腐敗させます。子宮の腐敗は、女性に極めて激しい痛みをもたらします。女性は発熱し、骨盤に耐えられないほどの痛みを感じ、さらに子宮の腐敗に起因する様々な危険な症状が女性を襲います。以上は女性の場合です。

男性が生理中にセックスを行った結果被る害について言いますと、尿道内に病原菌が侵入し、男性器が激しい炎症を起こします。炎症は尿道、前立腺、陰嚢、睾丸にまで及ぶことがあります。

贖罪行為について言いますと、預言者ムハンマドは「生理中の妻とセックスした男性は1ディナールか0・5ディナールの寄付を行うこと」と述べました。預言者ムハンマドの言葉は、生理中の女性とセックスした男性が贖罪行為の義務を負うことを伝えています。

預言者ムハンマドの一夫多妻について教えて下さい

Q. どうして一般のイスラム教徒男性は四人までしか妻を持つことができないのに、預言者ムハンマドには九人もの妻がいたのですか？　このことについて説明して下さい。

欧米のキリスト教宣教師や中東イスラム研究者が、預言者ムハンマドの一夫多妻についてどんなひどい嘘を広めているか、ご存知ですよね？

A

イスラム教が誕生する以前、複数の女性との結婚は一切制限されていませんでした。男性は、望みのままに何人もの女性と結婚することができました。旧約聖書によると、ダビデには百人の妻がいて、ソロモンには七百人の妻がいたとされます。

しかしイスラム教が誕生すると、妻の人数は四人までに制限されました。イスラム教徒に改宗した男性に五人以上の妻がいた場合、この男性はその中から引き続き妻にする四人を選び、残りの女性とは離婚しなければなりませんでした。また男性が複数の妻を持つ場合、男性は妻全員を平等に扱うことを義務付けられました。そして複数の妻を平等に扱うことが困難な場合には、妻は一人だけにすべきとされたのです。コーラン4章3節に、そのように記されています。

一方、神は預言者ムハンマドには、一般のイスラム教徒には許されていないことを許可しました。神は「預言者だけは、妻が五人以上いた場合でも、引き続き全員を妻にしてよい」ことにしたのです。

このことには秘密が隠されています。預言者ムハンマドの妻たちには、特別な地位が与えられているのです。コーラン33章6節に「預言者の妻たちは、信仰者たちの母である」と記されています。

預言者の妻たちは信仰者たちの母なので、彼女たちは預言者との結婚後、ほかの男性と再婚することを禁止されました。コーラン33章53節には「あなたたち（一般のイスラム教徒男性）はどんな場合でも、彼（預言者ムハンマド）の後に彼の妻たちを娶《めと》ってはならない」と記されています。つまり、もし預言者ムハンマドが妻と離婚した場合、別れた女性は預言者の家から出なければいけないうえ、その後も一生、誰とも結婚できないのです。

さて、以上のことを踏まえたうえで考えてみましょう。もし神が預言者ムハンマドに「九人の妻から四人だけ選び、残りの五人と離婚せよ」と命じたならば、九人のうち四人は「信仰者たちの母」という名誉ある地位を得ることができますが、残りの五人はこの地位を失うことになります。それはあまりに酷なことです。いずれも優れた人格の持ち主である九人の中の、誰を預言者ムハンマドの家から追い出せばよいのでしょうか？

それゆえ、神は預言者ムハンマドの妻全員を、引き続き彼の妻とすることにしたのです。コーラン57章29節には「恩恵は神の御手の中にある。彼の御心に適う者は、それを授かる。本当に神は偉大な恩恵の主である」と記されています。預言者が五人以上の妻を持つことを許されたのは、この原則に基づく例外規定なのです。

では、そもそもどうして預言者ムハンマドには九人もの妻がいたのでしょうか？　その理由は、よく知られています。

欧米のキリスト教宣教師や中東イスラム研究者は「預言者ムハンマドは、よこしまな欲望のために数多くの女性と結婚した」との偽りを吹聴しています。しかし、預言者ムハンマドは女性とのセックスが目的で結婚したことは一度もありません。

もし彼の結婚が女性の身体目当てだとしたら、どうして彼がまだ若い25歳の時に、15歳も年上の女性と結婚したのでしょうか？　彼は25歳のときに最初の妻ハディージャと結婚しますが、彼女は既に40歳でした。しかも、彼女は預言者ムハンマドと結婚する前に二回の結婚歴があり、さらに以前の夫との間に子どもまでいたのです。

しかし預言者ムハンマドは、この年上の女性と非常に幸せな結婚生活を送りました。ハディージャは後に亡くなりますが、預言者ムハンマドはその死を大変悲しみ、彼女が亡くなった年を〝悲しみの年〟と名付けたほどでした。彼はハディージャの死後も、彼女のことを愛し続けていました。そのため、後に預言者ムハンマドの妻となったアーイシャは、既に墓の中にいるハディージャに対して激しく嫉妬したと言われています。

預言者ムハンマドは35歳を過ぎてから、つまりハディージャを亡くし、メッカからメディナに移住した後になってから、ようやく他の女性と結婚します。彼はまず、家事の面倒を見てもらうため高齢の女性であるサウダと結婚しました。さらに、彼は盟友であるアブー・バクルとの関係を強固なものにしようと考え、その娘であるアーイシャと結婚しました。その当時、アーイシャはまだセックスの相手もできないほど幼い女児でした。しかし、預言者ムハンマドはアブー・バクルを喜ばせるために、彼女と結婚したのです。

その後、預言者ムハンマドは「アブー・バクルとウマルは共に私の有力な側近なのだから、二人を同等に扱うべき」と考え、今度はウマルの娘であるハフサと結婚しました。これは、預言者ムハンマドが娘のファーティマをアリーのもとに、娘のルカイヤとウンム・クルスームをウスマーンのもとに嫁がせたのと同じように、側近との関係を強化することが目的でした。ウマルの娘ハフサは、預言者ムハンマドと結婚する時、既に処女ではありませんでした。また彼女は、美貌の持ち主でもありませんでした。

さらに、預言者ムハンマドはウンム・サラマとも結婚しました。彼女は未亡人であり、また美人でもありませんでした。ウンム・サラマは元の夫を世界で一番すばらしい男性だと信じており、その夫と共にイスラム教に入信し、メッカからメディナに移住しました。ウンム・サラマと夫は、イスラム教に入信したため苦しい日々を送ることになり、夫は彼女を残して死んでしまったのです。夫を失ったウンム・サラマは「亡くなった夫よりすばらしい男性などいるはずもない」と思い悲しんでいました。そこで神は彼女を、以前の夫よりすばらしい男性である預言者ムハンマドと再婚させたのです。

また、預言者ムハンマドはムスタラク族の女性であるジュワイリーヤとも結婚しましたが、この結婚はムスタラク族をイスラム教に入信させることが目的でした。当時イスラム教徒はムスタラク族と戦っており、ジュワイリーヤを含めたムスタラク族の一部の人びとは、イスラム教徒軍に捕らえられて奴隷となっていました。しかし預言者ムハンマドがジュワイリーヤと結婚したので、奴隷となっていたムスタラク族の人びとは解放されました。預言者ムハンマドの姻族を奴隷にしてはならなかったからです。このように、預言者ムハンマドの結婚にはすべて、正当な理由があるのです。

アブー・スフヤーンの娘であるウンム・ハビーバは夫と共にイスラム教に改宗した後、エチオピアに移住していました。しかし夫はエチオピアで、イスラム教を棄ててしまいました。当時アブー・スフヤーンは、メッカにいた多神教徒の指導者としてイスラム教徒と戦っていました。その娘ウンム・ハビーバはイスラム教に改宗したため、父と別れて夫と共にエチオピアへ移住したのです。しかし、夫はイスラム教を捨ててしまいました。そのため、彼女は異郷の地で独りぼっちになったのです。

この時、預言者ムハンマドは彼女のために何をしたでしょう？　彼は彼女の苦境を救うため使者をエチオピアに派遣し、その使者を通じて彼女に結婚を申し込んだのです。そして二人は結婚しました。その時、預言者ムハンマドはアラビア半島に、ウンム・ハビーバはエチオピアにいたのですから、二人の距離は遠く離れていました。しかし、預言者ムハンマドは異郷で孤独な状態に置かれた彼女を救うため、この結婚に踏みきったのです。

この結婚には、もう一つの目的がありました。預言者ムハンマドは彼女との結婚を通じて、その父アブー・スフヤーンとの関係改善を狙ったのです。預言者ムハンマドは「結婚を通じて自分とアブー・スフヤーンは姻族関係で結ばれたのだから、彼はイスラム教徒への敵意を弱めるのではないか」と考えていました。

このように結婚の背後を考察すると、預言者ムハンマドの結婚にはすべて正当な理由があったことが判明します。彼はセックス目当てで、多くの女性と結婚したのではありません。多くの場合、彼は人びととの結びつきを強化するために結婚していました。

当時のアラブ社会では、結婚を通じて姻族になることには非常に大きな意味があったのです。そこで預言者ムハンマドは、結婚を通じて人間関係の強化や社会問題の解決を図ったのです。

一方、預言者ムハンマドの妻たちは、結婚によって〝信仰者たちの母〟になり、そして預言者ムハンマドの死後は家族問題や女性問題に関して、〝イスラム共同体の教師〟と言うべき存在になりました。彼女たちは、預言者ムハンマドがどのような家族生活を送ったかを人びとに伝えたのです。そのため、預言者ムハンマドの生活は隠し事が一つも残らないほどに、細部にいたるまで包み隠さず明らかにされました。

歴史上、預言者ムハンマドほど隠し事が何もなかった人物はいないでしょう。もっとも、預言者ムハンマド自身が生前に、「私の生活について人びとに伝えなさい。そうすれば、それはイスラム共同体の指針となるでしょう」との趣旨の発言していました。

預言者ムハンマドはあらゆる事柄において、イスラム教徒の模範です。彼は処女の女性に対しても、処女ではない女性に対しても、年上女性に対しても、年下女性に対しても、美人に対しても、美人ではない女性に対しても、アラブ人女性に対しても、非アラブ人女性に対しても良き夫でした。

イスラム教徒の男性は、妻が一人だけだとしても、あるいは二人以上いるとしても、また妻がどのような女性だとしても、夫婦生活に関して預言者ムハンマドを模範とすべきなのです。

第5章

子どもと家族の深刻な問題

女性が同年齢の義理の息子と二人きりになることは禁止されている

Q

女性は、家で義理の息子と二人きりになっても構わないのでしょうか？　結婚して息子のいる男性が、その後別の女性と再婚した場合の話です。特に、女性と義理の息子の年齢が近い場合、二人きりになることに問題はないのでしょうか？

A

イスラム教では、女性は義理の息子と二人きりになっても構わないし、女性は義理の息子と会う際に全身を覆う必要はないと定めています。

もし、女性が義理の息子と会う際に頭の天辺から爪先まで覆い隠す必要があるならば、女性は同じ家に暮らす義理の息子の部屋に行く際には、いちいち全身を覆うことになります。これは、非常に面倒なことです。イスラム教は、このような苦痛を命じることはありません。

コーランには「女性は夫、父、夫の父、息子、夫の息子（義理の息子）などには着飾った姿を見せて構わない」と記されています。義理の息子は、女性が普段一緒に暮らす家族の一員とみなされます。ですから、女性は義理の息子を遠ざける必要はありません。義理の息子の前で、髪や腕や首を覆い隠す必要はありません。

しかし、これは「義理の息子は、女性にとって実の息子や兄弟と全く同じようなもの」ということを意味してはいません。女性と義理の息子の関係は、女性と実の息子の関係とは違います。特に、息子のいる高齢男性が若い女性と再婚し、女性と義理の息子がほぼ同年齢となる場合には、女性と義理の息子の間で男女関係が生じ、家庭に深刻な問題が発生する恐れがあります。このような場合、女性が義理の息子と二人きりになることは禁止されます。

イスラム法では、本来禁止されていることであっても特別な必要性がある場合には、その禁止は解除されます。たとえば、女性は男性医師の治療を受けてはならないとされていますが、女性が緊急に治療を受ける必要があり、その場所に男性医師しかいない場合には、女性は男性医師から治療を受けることができます。

この逆に、本来許可されていることも、特別な必要性がある場合には禁止されます。ここでは、女性が義理の息子と二人きりになることは本来許可されていることですが、両者が男女関係に陥る事態を予防する必要があるため、この許可は取り消されるのです。

たとえば、夫が旅行に出かけたとします。妻は、自分とほぼ同年齢の義理の息子と二人きりでいてよいでしょうか？　もちろんダメです。預言者ムハンマドは「男女が二人きりになった場合、その場所には悪魔が現れる」と述べました。

悪魔は男女に悪事をそそのかす達人です。悪魔の出現を防ぐため、妻は義理の息子と二人きりになってはいけません。

祖父の財産をめぐるおじと孫の遺産争いについて

Q.

私たちは三人兄弟です。長男である私は14歳です。祖父の存命中に、私の父は死亡しました。そして、その後に祖父が死亡しました。すると、おじたちが祖父の遺産をすべて相続してしまいました。私たちは祖父の遺産を全く受け取ることができませんでした。おじたちは「君たちの父親は、祖父の存命中に死亡した。その後に祖父が死亡した場合、遺産は残された祖父の子どもである私たちがすべて相続する。孫である君たちには相続権はない。イスラム法がこのように定めている」と言いました。そしておじたちは、もともと裕福なのに、祖父の遺産をすべて持ち去っていきました。かわいそうな母は、私たちを学校に通わせるため苦労して働いています。おじたちは私たちを一切支援してくれません。

おじたちの言葉は正しいのでしょうか？　イスラム法では、故人に子どもがいる場合、孫には全く相続権がないのでしょうか？　どうかお返事下さい。

A

祖父の存命中に父親が死に、その後に祖父が死亡した場合、この祖父に子ども（つまり、質問者にとってのおじやおば）がいたならば、彼らが祖父の財産を相続します。この場合、孫には相続権はありません。

これは、相続として正しいやり方です。故人に子どもがいる場合、故人の孫には相続権はありません。相続は「親等の近い者が遠い者を排除する」という原則に基づいて行われます。故人に子どもと孫がいた場合、子どもは故人から一親等ですが、孫は二親等となります。つまり、子どもの方が孫より一親等分故人に近いので、故人の遺産を相続するのは子どもとなり、孫には相続権はありません。

同様に、故人に両親を共にする兄弟と母親違いの兄弟がいた場合だと、両親を共にする兄弟だけが故人の遺産を相続し、母親違いの兄弟には相続権はありません。なぜでしょう？　理由は、両親を共にする兄弟のほうが、故人により近いからです。彼らは、父親と母親双方の絆で故人と結びついています。一方、母親違いの兄弟は、父親の絆でしか結びつきがありません。ですから両親を共にする兄弟のほうが故人に近いことになり、彼らに遺産を受け取る権利が与えられる一方、母親違いの兄弟は相続から排除されます。

つまり、故人に子どもが残されている限り、孫には相続権はありません。

しかしこの規則は、「孫は何も遺産をもらえずに悲惨な生活を送る」ことを意図しているのではありません。イスラム法は、様々な手法でこの問題に対処しています。

まず第一の対処法を言いますと、祖父は生前に、孫のために遺言を作成すべきでした。一部の法学者は、遺言の作成は義務だと考えています。この場合、遺言によって遺産を受け取るのは、本来の相続人以外の人です。預言者ムハンマドは「神は権利の持ち主全員に、その人の権利を与えた。本来の相続人のために遺言を作る必要はない」と述べています。つまり遺言は、子どもがいる人が孫にも遺産を与えたい場合など、本来の相続人以外の人に遺産を残したい時に作成するのです。

コーラン2章180節には「あなた方の誰かに死が近づいて、その人が財産を残す時は、両親や近親に公正な遺言をすることが（あなた方の義務として）定められている。これは主を畏れる者の義務である」と記されています。つまり神は「財産を残して死ぬ者は、本来の相続人以外の者のために、生前に公正な遺言を作成すること」と定めているのです。ですからこの質問のケースでは、祖父は孫たちのために遺言を作成しておくべきでした。この孫たちは、お金がなくて困っているようですから。

祖父は遺産の三分の一以内ならば、遺言によって本来の相続人以外の人に遺産を与えることができたのです。預言者ムハンマドの言葉に基づき「遺言によって割り当てることのできる遺産は、遺産全体の三分の一まで」とされています。

次に、イスラム法の第二の対処法を言います。質問のケースでは、おじたちは祖父の遺産を分割した後、その一部を孫たちに与える義務があるのです。これも、コーランの明文に基づくものです。コーラン4章8節には「遺産の分配に際し、もし遠い親族や孤児や貧者がその場に居合わせた時は、遺産から彼らにも与え、懇切に言葉優しく話しかけなさい」と記されています。

このような人びとが遺産分配の場に居合わせた場合、相続人たちは彼らに何も与えないでしょうか？　そんなことはないでしょう。質問のケースでは、おじたちは孫たちが生活に困らないで済むよう、彼らに遺産の一部を与える義務があります。特に遺産が高額な場合、これは当然のことです。

さらに、イスラム法の第三の対処法を言いましょう。それは、〝生活費法〟とでも言うべきものです。イスラム法は、親族の中で富裕な者に対して、困窮した親族の生活費の支払いを義務付けています。これはイスラム法以外の法には存在しない、イスラム法に固有の規則です。

質問のケースでは、孫たちの生活費を支払うことは、おじたちの義務です。孫たちが裁判所に訴えたならば、裁判所がおじたちに支払いを命じるでしょう。おじたちは、自分の兄弟姉妹の子どもたちが生活に苦しんでいるのを放置してはならないのです。そのようなことは、イスラム法では許されません。

この〝生活費法〟と言うべきものは、イスラム法以外の法には存在しません。私は以前フランスに留学していた知人から、次のような話を聞いたことがあります。

「私たちが住んでいた家では、若いフランス人女性が家政婦として働いていました。彼女はとても育ちが良さそうな顔立ちで、賢く、また品行方正な人でした。私たちが彼女と話をすると、彼女は『私のおじは有名な億万長者の何某です』と言いました。私は驚き、『どうして、彼はあなたの生活費を払ってくれないのですか？　あなたは裁判に訴えて、おじに生活費を払わせることはできないのですか？』と言いました。すると彼女は『私たちの国には、彼に私の生活費の支払いを強制できるような法は存在しません。あなたたちイスラム教徒の国には、そのような法が存在するのですか？』と聞いてきました。私は『はい。このようなケースだと、あなたのおじにはあなたの生活費を支払う義務がありま す。もしあなたが訴訟を起こせば、裁判所はおじに生活費の支払いを命じるはずです』と答えました。彼女は『フランスにもそのような法があれば、女性が飢え死にしないために外に働きに出るようなこともなくなるのですが』と言いました」

この話からも分かるように、裕福な親族に困窮した親族の生活費の支払いを義務付ける法は、イスラム法だけに存在するものです。フランスの法律など、他の国々の法には存在しないのです。

したがって、質問者は、おじたちが生活費の支払いに応じない場合、訴訟を起こして支払いを要求すべきです。

イスラム教徒として付けてはいけない不適切な名前とは

Q. 近所にイスラム教徒の夫婦がいるのですが、この夫婦は子どもにアブドゥルマスィーフ（メシアの下僕、すなわちイエス・キリストの下僕）と名付けました。

イスラム教徒に、このような名前を付けてよいのでしょうか？

A. そのような名前を付けることは固く禁じられています。それには二つの理由があります。

第一に、イスラム教徒には「神以外の者の下僕」という形の名前を名付けることが禁止されています。このことについては、学識あるイスラム教徒全員の間で合意が成立しています。

「預言者の下僕」という名前も、「預言者の直弟子何某の下僕」という名前も、等しく禁止されます。アブドゥンナビー（預言者の下僕）、アブドゥッラスール（使徒の下僕）、アブドゥルフセイン（預言者ムハンマドの孫フセインの下僕）、アブドゥルカアバ（メッカのカアバ神殿の下僕）といった名前も、すべて禁止されています。唯一の例外は、アブドゥルムッタリブという名前だけです。

第二に、アブドゥルマスィーフという名前は、キリスト教徒だけが用いる名前です。この名前を聞いただけで、人びとは「この名前の主はキリスト教徒である」と理解します。イスラム教徒は、子どもに名前をつける際、異教徒が用いる名前を用いるべきではありません。

以上の理由で、アブドゥルマスィーフという名前は禁止されます。子どもには、イスラム教徒にふさわしい別の名前を付けるべきです。

夫が子どもに付けてしまった醜い名前と妻の悲しみ

Q. 私は20歳の既婚女性です。夫はロンドンに長期出張に出ていました。私は夫の不在期間に、男の子を産みました。私は、この子をユースフ（ヨセフ）と名付けました。私は小学生の時にコーランのユースフ章（12章）を読んで、ユースフが行方不明になったことを悲しむ父ヤアクーブ（ヤコブ）の姿に大変心を痛めました。私はその時以来、「将来、結婚して男の子を授かることになったら、ユースフと名付けよう」と決めていたのです。

しかし、夫は海外出張から帰ってくると「私は、この子をファラオと名付ける。ユースフという名前は取り消しだ」と宣言したのです。私は大変悲しみ、泣いてばかりいます。私はどうすればよいのでしょうか？

夫は礼拝もしなければ、断食もしません。夫は、三年前から私が実家の両親に会いに行くことも、実家に手紙を書くことも禁止しています。そのため、私の両親は私が夫の横暴に苦しめられていることを知りません。どうか私の悩み事を解決して頂けないでしょうか。よろしくお願いいたします。

A

質問者は、立派な母親です。この質問者は、子どものために良い名前を選びました。子どもに良い名前を付けることは、父親の義務です。預言者ムハンマドは人びとに「子どもにはムーサー（モーゼ）、イブラーヒーム（アブラハム）など預言者たちの名前や、アブドゥッラー（神の下僕）、アブドゥッラフマーン（慈悲深き方〈神〉の下僕）といった神に愛される名前、すばらしい名前を付けなさい」と命じています。

子どもに良い名前を付けることは、子どもを授かった両親がまず最初に果たすべき義務です。質問者は、息子にユースフと名付けました。ユースフはコーランに登場する預言者の一人であり、これはすばらしい名前です。しかし質問者の夫はいい年をした大人でありながら、このすばらしい名前を取り消し、代わりに息子をファラオと名付けました。これはとても醜い名前です。

この質問を受けた時、私は息子にラハブ（炎）と名付けた男の話を思い出しました。この男は、人びとにアブー・ラハブと呼んでもらいたくて、息子にラハブという名前を付けたのです。もちろん、コーラン111章1節に「アブー・ラハブの両手は滅び、彼も滅びてしまえ」と記されている、あのアブー・ラハブのことです。

さて、このかわいそうな質問者はどうすればいいのでしょうか？　質問者は何も間違いを犯していません。そもそもの間違いは、質問者の父親が娘をこのような男と結婚させたことにあります。この男は礼拝も断食もしないそうですが、質問者の父親はどうして娘を、このような男のもとに嫁がせたのでしょう？

残念ですが、現状ではこの質問者に忍耐してもらうしかありません。いつの日かきっと神が質問者の夫の心を目覚めさせ、正しい方向に導いて下さるでしょう。あるいは神が、質問者と夫を別れさせて下さるでしょう。それより他に、解決策はないのです。質問者は、神に祈って下さい。きっと神は、その祈りに応えて下さるでしょう。

アブー・ラハブ イスラムを読み解くキーワード

アブー・ラハブ（?～六二五年）は、預言者ムハンマドの伯父でありながら彼と敵対し、イスラム教を激しく迫害した人物です。預言者ムハンマドは、アブー・ラハブとその妻による嫌がらせに、大いに苦しんだと伝えられています。コーラン第111章（棕櫚章）には「アブー・ラハブの両手は滅び、彼も滅びてしまえ。彼の富も儲けた金も、彼のために役立ちはしない。やがて彼は、燃えさかる炎の業火の中で焼かれよう」と記されていますが、この強烈な記述は、アブー・ラハブのイスラム教に対する迫害がどれほど激しかったかを示していると言えるでしょう。このような人物であるアブー・ラハブは、今日でもイスラム教徒の間で非常に忌み嫌われています。

さてここで、Q&Aにも関係することですので、アラブ人の名前について簡単に説明しておきます。アラブ人のフルネームは非常に長いのですが、日常的には、男性はしばしば、何某の息子（イブン・何某）、何某の父（アブー・何某）、という形の呼び名で呼ばれます。同様に女性は、何某の娘（ビント・何某）、何某の母（ウンム・何某）、という形の呼び名で呼ばれます。

たとえば、太郎さんの父親が健という名前だった場合、太郎さんはしばしば、イブン・健（健の息子）と呼ばれます。また、太郎さんに一朗君という名前の息子がいた場合には、太郎さんはしばしば、アブー・一朗（一朗の父）と呼ばれます。

Q&Aのケースでは、父親は周囲の人々からアブー・ラハブ（ラハブの父）と呼んで欲しかったので、息子にラハブと名付けようとしたのです。つまりこの父親は、自分で自分に対して変な呼び名を付けたかったので、それに息子を巻き込んだわけです。父親がアブー・ラハブを名乗りたいのは自分の勝手でしょうが、それに巻き込まれて変な名前を付けられる息子は気の毒ですね。

身内の犯罪者を釈放するためなら賄賂は認められますか

Q. 麻薬の密輸をしていた男が逮捕されました。この男のおじは、賄賂を払って甥《おい》を釈放してもらおうと考え、多額の現金を人びとから借り集めています。おじは、本心では甥の素行について不愉快に思っています。しかしこの甥には妻子がいるうえ、彼らを扶養できる人間はこの男しかいません。しかもこの男には禁固十五年もの重い判決が下されてしまいました。それゆえおじは、賄賂によって釈放してもらおうと考えたのです。この場合の賄賂は、イスラム法では容認されるのでしょうか？

A▼ この男は、麻薬の密輸という犯罪を犯しています。それゆえ、彼は当然処罰されるべきです。

麻薬以上に、人びとを堕落させるものはありません。麻薬は酒と同じようなものです。それゆえ、昔の高名なイスラム法学者たちは「麻薬を吸った者は、酒を飲んだ者と同じ罰を受けるべきだ。また、麻薬を合法とみなした者は、イスラム教を棄てた不信仰者とみなされる」と述べました。

それどころか、麻薬が及ぼす害は、おそらく酒よりも有害でしょう。麻薬は、吸った人間に幻覚を生じさせます。吸った人は目覚めていても夢を見ているような状態となり、遠くのものと近くのものの区別さえつかなくなります。存在しないものが見えるようになるのです。人びとがこのような状態に陥ってしまうと、社会が繁栄することはないでしょう。

麻薬を吸ったり売買したりする人間は、人びとの腐敗や堕落を助長しているのです。それゆえ、この質問にある麻薬を密輸した男性は、厳しく罰せられるべきです。裁判所が禁固十五年の判決を下したのならば、男性はその刑に服すべきです。

したがって、このような人物を当然受けるべき刑から救おうとする行為は、罪であり、間違った行いです。そして、この人物を賄賂によって釈放する行為は、麻薬の密輸よりもっとひどい犯罪です。なぜなら、麻薬密輸という悪行に、賄賂というもう一つの悪行を付け加えることになりますから。

賄賂は、イスラム教によって厳しく禁じられています。賄賂は犯罪です。預言者ムハンマドは贈賄と収賄の両方を禁じたうえ、さらに贈賄側と収賄側の仲介を行うことも禁止しました。社会を腐敗させるもので、賄賂に勝るものはないのです。

さて、麻薬を密輸した男のおじは、賄賂という大罪を犯そうとしています。このおじは人びとから集めたお金を賄賂として用いるのではなく、男が刑に服している間、このお金で男の妻子を養うべきです。そうすれば、麻薬密輸に加えて賄賂という新たな罪を犯さずに済みますし、男の妻子が生活に困ることもなくなります。

質問への回答は以上ですが、私は「本来、囚人の子どもの生活は国家が面倒を見るべきだ」と考えています。現行の法律は囚人の子どもたちの生活を考慮していませんが、これは明らかに法の不備です。

扶養者が逮捕された後、経済的支援なしに放置された場合、その子どもは悪しき者に誘われて誤った道を歩むことになるでしょう。ですから、囚人の子どもに対する社会保障は不可欠なのです。

兄と性的関係を持ってしまった少女の手紙

Q.

私はある雑誌の編集長をしている者ですが、先日アラブ人の少女から以下のような悩み事の相談を受けました。

私の名前はラニヤ。14歳です。わけあって、フルネームや詳しい素性をお話しすることはできません。私は今、自殺するか家出するかしかないほど追いつめられています。私は両親と1歳年上の兄と一緒に、四人家族で暮らしています。家ではフィリピン人のメイドやインド人の運転手などが使用人として働いています。私の家はとても大きく、広大な庭にはプールもあります。私はとても贅沢な生活をしており、お金に困ったことは一度もありません。

でも、父は仕事で忙しく、いつも家を留守にしています。父は私たちが普段どんな暮らしをしているのか、何も知りません。母は父が家にいないので、ボーイフレンドを作りました。母は、このボーイフレンドと夫婦同然の生活を送っています。二人は、私たちが見ている前でも一緒にプールに入っています。母のボーイフレンドは、私たちの家族の一員であるかのように、私の家で普通に暮らしています。もしかしたら、父もこのボーイフレンドを黙認しているのかもしれません。

私はオープンな雰囲気の私立学校に通っています。この学校は男女共学です。この学校に通った私は、母親と同じように欧米風のライフスタイルに順応してしまいました。それは、呪わしき悪魔のライフスタイルと言うべきものだったのです。私は性に興味を持ち、ヌード写真やアダルトビデオなどを見るようになりました。1歳年上の兄ヤーセルも私と同じように性に興味を持ったので、私たちは一緒にアダルトビデオなどを見ていました。するとある日、兄が私に迫ってきて、私たちはセックスしました。私は兄を拒まなかったのです。私と兄は恋人関係になりました。しかし、その後私は自身の過ちに気付いたので、兄とは別れようと考えました。ところが、兄は私のことを強く愛していて、私とのセックスを望んでいます。一方、私は「近親相姦はいけないことだ。これは獣の行為だ」と知ったのです。

私はこの悩みから抜け出そうと考え、ボーイフレンドであるロイに近づきました。彼は学校のクラスメートです。彼は以前から私のことが好きだったので、私たちは時々キスをする関係でした。私は彼を自宅でのディナーに招待し、その後、私たちは一緒にプールで泳ぎました。そして気が付いた時、私と彼は一緒にベッドで寝ていました。それはすばらしい夜でした。その時、私は「これで、兄との関係を終わらせることができる」と思ったのです。

私に新しい恋人ができたことを知った兄はひどく悲しみ、私を殴るようになりました。私は部屋に鍵をかけ、兄が部屋に入って来られないようにしました。すると、兄はボーイフレンドのロイが私の家に遊びに来ることを禁止しました。それどころか、兄は私がロイと話をすることまで禁止したのです。ついに私は「兄と決して別れないこと。兄とロイの両方が私の恋人になること」を、兄に約束させられました。そして現在、私は大好きなロイとも肉体関係を持ち、兄とも肉体関係を持っています。もちろん、ロイは私が兄とセックスしていることを知りません。私はどうすればよいか思い悩んでいます。二人は、避妊もせずに私とのセックスを続けています。無責任な両親は、私のとるべき道を何も教えてくれません。どうすればよいのでしょう？

少女の手紙は以上で終わっています。私に代わって、この悩みにお返事いただけないでしょうか？

A▼

なんとかわいそうな少女でしょう。こんなことが起きているなど、とても信じられません。私たちイスラム世界の一部上流階級は、男女関係の乱れた西洋文明を盲目的に模倣した結果、モラルを完全に失ってしまいました。家族の一人ひとりが自分のことしか考えないでいたら、その家族はどうなるでしょうか?

少女の父親は仕事のため家を留守にしたままで、家族がどうなっているのか何も知らないそうです。この父親は、宗教心や父親としての責任感を失ったのでしょう。妻がボーイフレンドと一緒にプールに入ることを黙認する父親など、あり得ません。一方、母親もボーイフレンドとの許されぬ関係に溺れています。

少女と兄がもし孤児であれば、二人を養育してくれるきちんとした大人を見つければ事態は解決します。しかし、問題はこの二人には両親がいることです。二人は両親がいるのに、両親が親としての責任を放棄したため、孤児よりも困難な状況に置かれているのです。

さらに信じられないのは、兄が妹とのセックスを楽しんでいることです。本来、兄は妹を守るべき存在です。妹が純潔を守って、ふさわしい男性と結婚するまで大切に見守ってあげることが兄の役割です。これはイスラム教徒として、アラブ人として、正常な人間として当然のことです。

なぜ、兄はアラブ人のイスラム教徒でありながら、妹が自宅でボーイフレンドとセックスすることを認めているのでしょうか？　彼は誇りや男らしさを捨て去ったのでしょうか？　さらに酷いことは、兄とボーイフレンドが共に少女と肉体関係を持っていることです。一切れのケーキを分け合うかのように、一人の少女を二人の男が分け合うとは、なんと恥ずべき行為でしょう。

せめてもの救いは、少女には信仰心や良心が残っていることです。少女は近親相姦が獣の行為であることを理解しています。しかし少女は近親相姦という過ちを解決するために、夫以外の男性とのセックスという、もう一つの過ちを犯してしまいました。少女は一人の悪魔の餌食《えじき》だったのが、二人の悪魔の餌食となったのです。

この問題の解決策はただ一つ。それは少女が悔い改めることです。少女は自分の行ってきたことが悪魔の汚らしい行為だと理解し、二人との悪しき関係を断たねばなりません。それには強い意志と、神にすがる気持ちが必要です。

少女は「兄と別れ、ボーイフレンドとの関係は維持する」という解決策を選んではなりません。近親相姦は汚れた行為なのですが、夫以外の男性とのセックスも、同様に汚れた行為なのです。

少女の親族に信頼できるおじなどがいれば、こうした親族に相談し助けを求めるべきです。兄が近親相姦の継続を迫るのであれば、少女は「近親相姦のことを父親に告げる」と言って、兄を脅して構いません。父親は家庭を顧みない人物だそうですが、子どもの近親相姦を放置する父親は、世界に一人もいないだろうと私は信じています。

それから少女にアドバイスしますが、あなたは自分と同じくらいの年齢の、真面目な女の子たちと友達になるべきです。そうすれば、あなたの周囲の環境は望ましい方向に変わっていくでしょう。また、少女は兄が同年代の真面目な男の子たちと友達になるよう仕向けるべきです。そうすれば、彼らが兄を現在の状況から救い出してくれるでしょう。

少女も兄もまだ若いのですから、悔い改め正しい道を歩むことは十分可能です。神が少女たちを導いて下さることを、私は祈っています。

第6章

イスラム教徒の酒、肉、食生活の悩み

イスラム教徒が食べていい肉と食べてはいけない肉

Q イスラム教徒は、外国から輸入された肉を食べてよいのでしょうか？

A 外国から輸入される肉は、具体的にどこから輸入されるのかによって、複数の種類に区分されます。

まず、肉がキリスト教徒とユダヤ教徒、すなわち〝啓典の民〟から輸入される場合には、イスラム教徒はその肉を食べても構いません。

コーランは、〝啓典の民〟が屠った動物の肉や、〝啓典の民〟が調理した食事をイスラム教徒が食べることを許可しています。コーラン5章5節には「啓典を授けられた民の食べ物は、あなたたち（イスラム教徒）に合法であり、あなたたちの食べ物は、彼らにも合法である」と記されています。

一部のイスラム教徒は、「〝啓典の民〟が屠《ほふ》った動物の肉でも、適切な手法で屠られ、そして屠る際に神の名前を唱えていないならば、食べてはならない」と考えています。それ以外のイスラム教徒は、「〝啓典の民〟が屠った動物の肉であれば、その肉は食べてよい。屠る際に神の名前が唱えられたか否かに、こだわる必要はない」と考えています。

　預言者ムハンマドは人びとから「私たちは〝啓典の民〟から肉をもらいました。しかし、私たちは動物を屠る際に神の名が唱えられたのか知りません。この肉を食べてよいのでしょうか?」と質問を受けた時、「食べてよい」と答えました。後者の人びとは、預言者ムハンマドのこの言葉を、〝啓典の民〟が屠った肉はすべて食べてよい」との見解の根拠に挙げています。

　なお、肉が共産主義者から輸入されたものである場合には、〝啓典の民〟から輸入された肉と同様に扱うことはできません。

　イスラム教では、動物がどこで、どのような器具によって、誰によって屠られたかによって、その肉を食べてよいか否かが決まります。誰が屠った肉でも食べてよいのではありません。

　イスラム教では、「イスラム教徒が食べてよい肉は、イスラム教徒が屠ったものか、〝啓典の民〟が屠った肉に限られる」とされています。動物を屠るという行為は、神が創造した魂を奪うことです。神は、神や来世を信じる者に対してのみ、動物の魂を奪う行為を許可しました。神や来世を信じる者とは、イスラム教徒とキリスト教徒とユダヤ教徒のことです。

他方、神は神や啓典を否定する者に対しては、こうした行為を許可していません。神を信じない者には、動物を屠る権利がないのです。

以上のような理由のため、イスラム教徒は動物を屠る際には、アラビア語で「神の御名のもとに。神は偉大なり」と唱えるのです。すなわちこの言葉は「私は神の許可を得たうえで、この動物の魂を奪います。私は、神から動物の魂を奪ってよいとの許可を得ています」と言っているのです。

一方、神の存在を否定する人は、どうすれば動物の魂を奪う許可を得られるでしょうか？　神は、このような人には許可を与えていません。神を信じず、啓典を信じず、預言者を信じない背教者や無神論者や共産主義者には、そもそも動物を屠る権利がないのです。ですから、イスラム教徒はこれらの人びとが屠った肉を食べてはなりません。つまり、イスラム教徒は共産主義者の国から輸入された肉を食べることは禁止されます。

実際には共産主義国にも、イスラム教徒やキリスト教徒が居住している可能性はありますし、共産主義国から輸入された肉も、彼らが屠ったものかもしれません。しかし、原則は上述の通りです。

共産主義国は「宗教は民衆を惑わすアヘンである」と唱え、宗教や神に対する戦争を仕掛けています。したがって、イスラム教徒は共産主義国から輸入された肉を突き返し、「あなたたち共産主義者には動物を屠る権利はない。神は、あなたたちが動物の魂を奪うことを許可していない」と言うべきなのです。

なお、共産主義者が屠った動物の肉をイスラム教徒が食べてはならないことは既に述べましたが、それに加えてイスラム教徒がこうした肉を輸出入すること、売買することも禁じられます。

つまり、イスラム教徒は共産主義者の屠った動物の肉に関しては、食べることに加え、扱うこと自体も禁止されているのです。

酒の禁止は本当にコーランに明記されているのですか

Q.

私はクウェート人ですが、クウェートには酒を禁止する法律があります。私はこの法律を誇らしいものと思っていますが、先日クウェートのある新聞に、この法律を非難する論説が掲載されました。この論説には「神はコーランにて酒を完全に禁止したわけではないので、酒を禁止する法律の存在はおかしい」と書かれていました。

私が友人たちにこの論説について話をしたところ、友人の一人は「この論説は正しい。コーランには酒の禁止は明言されていない」と言いました。私は、当時該当するコーランの章句を思い出すことができなかったので、代わりに預言者ムハンマドが述べた酒を禁じる言葉を挙げ、友人に反論しました。しかし友人は「いや、私は預言者の言葉を聞きたいのではない。酒の禁止がコーランに明記されているかが問題なのだ」と言いました。友人の言うように、コーランは酒の禁止を明言していないのですか？

A!

「既に決着の付いている問題を、まだ決着の付いていない問題のように扱うこと」や、「イスラム教徒全員の間で合意が成立している問題を、イスラム教徒の間で意見対立が存在している問題とみなすこと」は、イスラム教徒の間に争いを引き起こす企てに他なりません。

この質問にある「酒の禁止に対する異論申し立て」は、まさにこれに該当します。イスラム教で酒が禁止されていることについては、イスラム教徒全員の間で合意が成立済みです。

イスラム教では礼拝や断食の義務や利子の禁止は確定事項であり、議論の余地は存在しませんが、酒の禁止もこれと同様です。

イスラム教の破壊を望む人びとは、イスラム教におけるあらゆる決まり事を、まだ確定していないことや議論の余地のあることのように扱います。私たちは、このような人びとの言葉に惑わされてはなりません。

イスラム教徒がイスラム教における決まり事を否定した場合、その人物はイスラム教を棄て、背教者になったとみなされます。その人物は自らの過ちを認め、改悛しなかった場合には背教者として処罰されます。

ただし、その（イスラム教における決まり事を否定した）イスラム教徒が、まだイスラム教に入信直後の者だった場合、田舎育ちでろくに教育を受けていなかった場合、イスラム教徒がほとんどいない地域に住んでいてイスラム教に関して無知だった場合には、直ちに処罰は行われません。

このような場合は、まずその無知な人物に対して十分な教育と説明を行います。そのうえで、彼が前言を撤回した場合なら無罪、あくまで前言撤回を拒んだ場合には、背教者として処罰されます。

さて、イスラム教では酒が禁止されていることは、既に述べたように本来は説明する必要のない確定事項なのですが、念のためにもう一度説明することにします。

酒の禁止の第一の根拠：コーラン

コーラン５章90～91節には「おお、信仰者たちよ。酒と賭矢、偶像と占い矢は、不浄なる悪魔の業である。これらを避けなさい。そうすればあなたたちは成功するであろう。悪魔は酒と賭矢によって、あなたたちの間に敵意と憎悪を生じさせ、あなたたちが神を念じて礼拝を行うことを妨害しようとしている。それでもあなたたちは（酒と賭矢を）慎まないのか」と記されています。この二つの節は、酒の禁止を様々な面から強調しています。

まず第90節の記述では、酒は偶像と同等のものとして扱われています。すなわち、酒を飲むことは、偶像を拝んで多神崇拝の罪を犯すことと等しい行為とみなされるのです。預言者ムハンマドも「酒に溺れた者は、死後、神に会った時に偶像崇拝者として扱われる」と述べています。

さらにこの節では、酒は〝不浄〟なものとされています。コーランで〝不浄〟と名指しされているものは、酒や賭矢などを除くと、偶像と豚肉だけです。酒が強く禁止されていることは、この例からも明白でしょう。

また、この節で酒は〝悪魔の業〟とされています。悪魔の業は、当然、悪しき行為です。コーラン24章21節には「あなたたちが、もし悪魔の歩みに従うならば、悪魔は必ず醜行《しゅうこう》と悪事をあなたたちに命じるであろう」と記されています。

さらに次の第91節では「人びとが酒を飲む結果、礼拝が妨害される」という、酒が引き起こす社会的、宗教的損害への言及が行われています。

以上見てきたように、この二つのコーランの節は、飲酒の禁止を明言しています。「コーランで酒が禁止されているか否かは、議論の余地のある問題だ」と主張する人たちは、アラビア語やイスラム法について無知なだけです。

酒の禁止の第二の根拠：預言者ムハンマドの言葉

「大天使ジブリール（ガブリエル）が私のところに来て、『ムハンマドよ。神は酒、酒を造る人、酒を売買する人、酒を注ぐ人、酒を飲む人のすべてを呪っておられる』と言った」と、預言者ムハンマドは述べています。

このように、酒は神の言葉であるコーランにおいて禁止されているだけでなく、預言者ムハンマドの言葉においても禁止されているのです。

なお「コーランに記された神の言葉は受け入れるが、預言者ムハンマドの言葉をそのまま受け入れることはできない」と主張する者が存在するようですが、これはコーランそのものを否定するのに等しい間違った考え方です。なぜなら、コーランには「コーラン（の意味）を人びとに説明する人間が、預言者ムハンマドである」と明記されているからです。

コーラン16章44節には「われがあなた（預言者ムハンマド）にこの訓戒を下したのは、かつて人びとに対して下されたものを、あなたに解明させるためである」と記されています。また、もし「コーランだけがあれば十分だ。預言者ムハンマドの言葉など必要ない」との主張がまかり通れば、人びとは礼拝や巡礼をどのように行うべきか知ることができなくなるでしょう。これらの行為は、コーランでは簡潔にしか記されていません。預言者ムハンマドの言葉によって、初めてこれらの行為は詳しく説明されているのです。
実は、イスラム教が誕生して間もない頃にも、上記のような話がありました。当時、ある学識の深くないイスラム教徒が、古参のイスラム教徒に「預言者ムハンマドの言葉ではなく、コーランだけに基づいたイスラム教について教えて下さい」と言った時、古参のイスラム教徒は「私たちも、コーランの代替物を必要としているのではありません。そうではなく、私たちはコーランを説明するうえで、コーランについて一番詳しい人の言葉を必要としているのです」と答えました。そして一番詳しい人とは、預言者ムハンマドのことなのです。

それゆえ、コーランは人びとに、預言者ムハンマドに服従し、預言者ムハンマドに裁定を求めるよう命じています。コーランでは、預言者ムハンマドに服従することは、神に服従することに等しい行為とされています。

具体例を挙げますと、コーラン4章80節には「使徒（預言者ムハンマド）に従う者は、まさに神に従う者である」と、47章33節には「おお、信仰者たちよ。神に従い、そして使徒（預言者ムハンマド）に従え」と、59章7節には「使徒（預言者ムハンマド）があなたたちに与える物は受け取り、あなたたちに禁止する物は避けなさい」と、4章59節には

「何事かについてあなたたちの間で意見対立が発生した場合、あなたたちが神と来世を信じるのであれば、神と使徒（預言者ムハンマド）に（その問題の裁定を）委ねなさい」と記されています。

酒の禁止の第三の根拠：学識あるイスラム教徒全員の間での合意

冒頭でも述べましたが、すべての時代の学識あるイスラム教徒全員が、「イスラム教では酒が禁止されている」ことについて合意しています。この合意に異議を差し挟む者はいません。

酒の禁止の第四の根拠：イスラム法の原則

ある問題について、コーランに明記されておらず、預言者ムハンマドの述べた言葉も伝わっておらず、学識あるイスラム教徒全員の合意も成立していない場合には、イスラム法の原則に基づいて判断を下すことになります。

ここで、酒についてはコーランに何も記されておらず、預言者ムハンマドの言葉も伝わっておらず、学識あるイスラム教徒全員の合意も成立していないと仮定しましょう。その場合でも、酒がイスラム法の原則に基づき禁止されることは疑いありません。なぜならイスラム法には「個人や社会に害悪をもたらすものは、禁止される」との原則があるからです。

酒を飲むと、まず酒を飲んだ本人の信仰心や体力や理性や精神が衰え、そして財産も浪費されます。つまり、酒が酒を飲む者に対して害悪をもたらしていることは疑いありません。さらに、酒は酒を飲む者本人だけでなく、その家族にも害悪をもたらします。酒を飲む者が一家の大黒柱である場合、彼は酒に溺れた結果、家族を養うことすらできなくなるかもしれません。こうして飲酒のために道徳が乱れ、家庭が崩壊し、財産が浪費されて争いや病が蔓延《まんえん》すると、最終的には社会が破綻してしまいます。酒が引き起こすこのような害悪を考慮すると、理性と信仰心を持つ人は酒を容認できるでしょうか？　もちろん、容認しないでしょう。イスラム教は、なんでも容認するというわけにはいかないのです。

イスラムを読み解くキーワード

大天使ジブリール（ガブリエル）

ガブリエル（アラビア語ではジブリール）は、預言者ムハンマドに神の言葉を伝えた大天使です。預言者ムハンマドは、神と直接話をすることはできません。そのため、大天使ガブリエルが神と預言者の間のメッセンジャーの役割を果たしたのです。

ちなみに、イスラム教では「人類の中で、モーゼだけが神と直接話をすることができる」

とされています。モーゼだけは、仲介役の天使が存在しなくても、神の言葉を受け取ることができたのです。一方、ムハンマドやイエス、その他の預言者たちは、天使などを経由した形でしか神の言葉を受け取ることはできません。

人を酔わせる飲み物はすべて禁止した預言者ムハンマド

Q. イスラム教ではビールを飲むことについて、どのような規則が定められているのでしょうか？　もしビールが禁止なら、どうしてイスラム教国の喫茶店やバーで公然と売られているのですか？

現在、イスラム教国で販売されているビールはノンアルコールと表示されていますが、専門家が成分を分析したところ、実際にはアルコールが3・5％含まれていたそうです。

A

ビールの成分分析は、私たちイスラム法学者の仕事ではありません。私が言えることは「イスラム法の原則では、程度の大小を問わず、人間を酔わせる飲み物はすべて禁止されている」ということです。

預言者ムハンマドは原料がなんであるかを問わず、人を酔わせる飲み物すべてを禁じました。問題となっているビールが人を全く酔わせない、すなわち全くアルコールを含んでいないならば、イスラム教徒も飲んで構いません。しかしわずかでもアルコールを含むならば、それを飲むことは禁止されます。

なお、そのビールがアルコールを含むかどうかはっきりしないならば、疑わしいものを避ける意味でも飲まないほうが賢明です。様々なフルーツジュースや炭酸飲料など、飲んでよい飲み物はたくさんあります。アルコールを含む疑いのあるビールを、わざわざ飲む必要はないでしょう。

ノンアルコールビール　イスラムを読み解くキーワード

ノンアルコールビールにはアルコールは含まれていないが、一部のイスラム教徒は「ノンアルコールビールにも、実はアルコールが含まれているはず」とのある種の迷信を信じている。

いまだに決着がつかない
ワインから作ったお酢の使用

Q ワインから作ったお酢についての決まり事を教えて下さい。

A ワインから作ったお酢は、①ワインが自然に発酵してお酢になった場合と、②人間がワインに塩、パン、玉葱、お酢、その他なんらかの化学物質を添加して人為的に作ったお酢の場合の二種類に区分されます。

①の場合は、イスラム教徒がそのお酢を飲食に用いることは問題ないと、大多数のイスラム法学者は述べています。

一方、②の場合はイスラム教徒がそのお酢を飲食に用いてよいか否かについて、イスラム法学者の間で意見は分かれています。

「飲食に用いてはならない」と主張するイスラム法学者は、「もしも②のお酢を飲食に用いてよいのであれば、イスラム教徒は直接飲まなければワインを扱っても構わないことになる。しかしコーラン5章90節に『ワインを避けなさい』と記されていることからも明らかなように、イスラム教徒はそもそもワインを扱ってはならない」と述べています。ワインから人為的に作られたお酢の飲食を認めることは、イスラム教徒がワインを扱うことを認めることにつながります。それゆえ「②のお酢を飲食に用いることは禁止される」と述べています。

しかし、②のお酢を飲食に用いて構わないと主張するイスラム法学者も大勢存在するため、ワインから作ったお酢については、①の場合にしても②の場合にしても、禁止であるとも合法であるとも断言できないのが実情です。

第7章

イスラム女性の宗教作法

男だけではなく女にもある割礼の宗教儀式

Q. イスラム教は、女子の割礼についてどんな規則を定めているのでしょうか？

A! 女子の割礼をめぐっては、イスラム法学者の間でも医師の間でも賛否両論があります。たとえば、エジプトでもこの問題をめぐって長年にわたる論争が続いています。人びとの意見は様々ですが、最も公正で妥当だと思われる説は「女子の割礼は行うべきだが、切断部はわずかに留めるべきであり、切り過ぎるべきではない」というものです。これは、預言者ムハンマドが女子の割礼を行う人に対して「切りすぎて（外性器全体を）切除することのないように」と述べたことに基づいています。ただし、この預言者ムハンマドの言葉は、真正とされる伝承には含まれていません。

イスラム世界の国々でも、女子の割礼を行っている国もあれば行っていない国もあり、各国によって事情は様々です。いずれにせよ、女子割礼を行うべきと考える人は、それを行うべきです。個人的には、女子割礼の実施を支持します。一方、女子割礼を行わない人がいたとしたら、それはそれで構いません。しかし女性の尊厳以上に大切なものは存在しませんから、女子割礼を行ったほうが良いのではと私は思います。

一方、男子の割礼について言いますと、これはイスラム教の宗教儀式の一つであり、これを行うことはイスラム教徒の義務です。「イスラム教国の統治者は、国内に男子の割礼を拒む者たちがいた場合、彼らとの戦闘を義務付けられる。彼らが男子の割礼というイスラム教の素晴らしい慣行を再び実践するようになるまで、彼らとの戦いをやめてはならない」と、イスラム法学者たちは述べています。

イスラムを読み解くキーワード

預言者ムハンマドの伝承（ハディース）

後世に伝わる預言者ムハンマドの伝承は、それが確実に預言者の伝承であるもの（真正）、おそらく預言者の伝承であるもの（良好）、本当に預言者の伝承であるかが疑わしいもの（脆弱）の三つに区分される。

女性の尊厳 イスラムを読み解くキーワード

ここでは、女性の尊厳＝女性の貞操。すなわち、結婚時まで純潔を守ること。女子の割礼を支持する人びとの多くは「女子の割礼は、女性が結婚時まで純潔を守るのに役立つ」と考えている。

女性は夫や家族以外の男性に髪を見せてはならない

Q.

イスラム教徒の女性のあるべき服装をめぐって、私は職場の同僚たちと口論になっています。

同僚たちは「女性の髪を隠すことは宗教上の義務ではない」と主張しています。私自身は女性が髪を隠すことは義務だと思っているのですが、この問題について明確に説明していただけないでしょうか？

A

イスラム世界に対する思想的陰謀の中でも一番深刻なのは、「既に議論が決着した確かな事柄を、まだ論争中の不確かな事柄」に変えてしまうことです。こうした陰謀のため、既にイスラム教徒全員の間で合意が成立している事柄が、まだ意見対立が続いている事柄に変貌しています。そして、人びとは本来疑う必要のないことに対して疑いを抱くようになります。今回の質問は、まさにこのケースです。

女性の髪を隠すことは義務です。このことについてはすべての時代、すべての地域のイスラム法学者、伝承学者、神秘主義者の間で合意が成立しています。女性は、夫や家族以外の男性に髪を見せてはなりません。

この合意は、コーランの以下のような明文に依拠しています。コーラン24章31節には「女性信者たちに言ってやるがよい。彼女たちの視線を低くし、貞淑を守れ。外に現れるものの他は、彼女らの美（や飾り）を目立たたせてはならない。それから、ヴェールをその胸の上に垂れなさい」と記されています。

この文言は、以下の二つの点から「女性が髪を隠すことは義務であること」の論拠とされています。

第一点。神は上記のコーランの節にて、女性が「外に現れるもの」以外を他人に見せることを禁じました。「外に現れるもの」がなんであるかをめぐっては、法学者間で様々な意見があります。「服だけ」と主張する者もいれば、「顔と手の平と服」と主張する者もいました。しかし髪は「外に現れるもの」には含まれないこと、つまり女性が髪を隠すことは義務であることについては、すべての時代のイスラム法学者の間で意見が一致しています。

「外に現れるもの」の中に顔が含まれるか、つまり女性が顔を隠す義務があるか否かをめぐっては法学者間で意見の相違がありますが、髪をめぐっては意見の相違はありません。第二点。また上記の節では、「ヴェールをその胸に垂れなさい」、すなわち「ヴェールで胸を隠しなさい」とあります。ここでのヴェールとは、女性の頭部を覆うヴェールのことです。つまりコーランは、「女性は頭部を覆うヴェールによって、胸を隠しなさい」と言っているのです。

さらに噛み砕いて言うと、「女性は頭部を覆うヴェールによってまず髪を隠し、さらにそのヴェールを前に垂らして胸を隠しなさい」という意味になります。このことからも、女性の髪を隠すことが義務であることは明白です。

ヴェールで女性が顔を隠すかどうかは本人の自由

Q. ヴェールを着用して顔を隠すことは、女性の義務ですか？

A. 女性が顔を隠すことは、義務ではありません。逆に、禁止されることでもありません。一部には、女性が顔を隠すことに反対する人がいますが、彼らに反対する権利はありません。

女性が顔を隠すかどうかは、その女性が決めればよいことです。女性が顔を隠すことに反対する人びとは、どうして女性が化粧をすることには反対しないのでしょうか？　どちらも、女性が自分のしたいようにすればよいことです。

ところで、大学ではヴェールを着用して顔を隠している女子学生が、嫌な思いをすることがあります。学生は、大学のキャンパスに入る時や試験の時に学生証を提示する必要がありますが、その時に学生証と顔を見て本人であるかどうかをチェックする職員は、まず男性です。こうした業務には、女性職員を配置すべきです。ヴェールを着用している女子学生は、男性に顔を見られたくないからヴェールを着用しているのであり、男性職員に顔を見られることは彼女たちにとって不愉快なことですから。

職場で男性上司と二人きりになってもいいのでしょうか

Q.▼ 私の知人の女性は、秘書として会社に勤務しています。秘書はその仕事の性格上、ドアの閉じた部屋で上司と二人きりでいることになります。女性がこのような仕事に従事することは、イスラム教で禁止されているのでしょうか？

A▼

コーランは「女性は働く必要がある場合には、働くことを許可される」と定めています。働く必要がなくなった場合には、この許可は取り消されます。

また、イスラム教は夫婦や家族以外の男女が二人きりになることを容認していません。男女が二人きりになると、そこには悪魔が現れ、二人に悪事をそそのかすからです。女性が、家族以外の男性と密室で二人きりになるような仕事に就くことは、イスラム教では禁止されています。

そもそも仕事であれそれ以外の用事であれ、男女が二人きりになってはいけません。女性は、自分にふさわしい別の仕事を探すべきです。

夫や親族から経済的支援を得られず家計のために働く必要のある女性が、秘書以外の仕事を見つけることができない場合、まず慎み深い服装をすべきです。そして、職場ではドアを開けたままにしておくことです。

上司に書類を見せる時などは、その場に同僚も居合わせるようにして、二人きりになる状況は避けて下さい。

女性が自転車に乗ると純潔を失う心配がありますが……

Q. 女性は自転車やバイクに乗ってもよいのでしょうか？　処女の女性がこうした乗り物に乗ると、処女膜が破れて純潔を失う可能性がありますが。

A. 女性が自転車やバイク、自動車などの乗り物に乗ることは、それ自体は全く問題ありません。アラブの女性は、イスラム教が出現する以前からラクダに乗っていましたし、その習慣はイスラム教の登場後も変わりませんでした。

ただし、女性はこうした乗り物に乗る際に、イスラム教徒としての礼儀の正しさを欠いてはなりません。たとえば、女性が家族でも夫でもない男性と一緒にバイクに乗ることは禁止されます。イスラム教は、肉親や夫婦以外の男女が肌を触れ合うことを禁じていますから。

処女の女性が、自転車やバイクに乗って処女膜を破ってしまう問題について言いますと、こうした乗り物に乗った女性が処女膜を破る確率がどの程度のものなのか、まず調べる必要があります。もし、自転車に乗って処女膜を破る確率が極めて低いのであれば、処女の女性は自転車に乗っても構いません。極めて稀なことは、わざわざ禁止されませんから。

一方、処女膜を破る可能性が高いのであれば、処女の女性が自転車に乗ることは禁止されます。ただしこの場合でも、通学や通勤のためにどうしても自転車に乗る必要があるのであれば、処女の女性でも自転車に乗っても構いません。コーランに記されているように、やむを得ない必要がある場合には禁止は解除されますから。

生理中の女性がコーランを読むことは厳しく禁止されている

Q.

生理中の女性は、コーランをどのように扱うべきでしょうか?

A

生理中の女性がコーランを読むことは、いかなる形であっても禁止されています。コーランが神聖なものであることが、その理由です。清浄な状態ではない人間がコーランを読むことは、禁止されています。生理中の女性は清浄な状態ではないし、浄めを行うこともできないので、コーランを読むことは禁止されます。

神は生理中の女性から、礼拝と断食（の義務）を免除しています。生理中の女性は神の命令に従い、礼拝も断食もしません。同様に、神の命令に従いコーランを読んではならないのです。このように神の命令に従えば、神からの報奨が得られます。

清浄な状態でコーランを読むことは信仰です。同様に、清浄な状態ではない生理中の女性がコーランを読むことを控えることも、信仰なのです。

しかし、生理中の女性がコーランの章句を声に出さず、頭の中で唱えることは構いません。そうすることによって、その女性は寂しさを和らげ、心を落ち着かせることができるでしょう。

女性の病気と厳しい礼拝への条件

Q 生理が一度終わった後に再び出血があった場合など、体からの出血や排泄物、体液などの分泌が終わっていない状態の女性が礼拝を行ってもよいのですか？　また、女性は生理の血で汚れた服をどのように扱うべきですか？

A 生理が一度終わった後に再び出血があった場合などの他に、病気で治療を受けている場合も、このケースに該当するかもしれません。出血や分泌が続いていて治療を受けている女性は、治療が終わるまでの期間、礼拝一回ごとに浄めを行うことを条件に礼拝することができます。

ただし、そうした女性は正午の礼拝と午後の礼拝の間にトイレに行くなどの浄めが無効になる行為がなかったとしても、正午の礼拝の前に行った一回の浄めだけで済ませてはいけません。

女性は出血や分泌が終わるまでの間は、正午の礼拝の時も午後の礼拝の時も、一回ごとに新たに浄めを行い、そのうえで礼拝を行う必要があります。このような女性は出血や分泌によって衣服が汚れるのを防ぐために必要な予防的措置を取り、ガーゼや包帯、生理用品などの衛生用品を用いて分泌や出血が周囲に広がるのを防がないといけないのです。

生理の血で汚れた服が乾いていて、服に付いた血も乾燥している場合、女性は血の付いた箇所をこすり、水をかけて指先や爪でよく揉んで血の痕跡を落とさないといけません。そのうえで、その服全体を洗って下さい。

ある女性が「生理の血で服を汚してしまいました。どうすればいいでしょう?」と預言者ムハンマドに質問した時、預言者ムハンマドは「服の汚れた箇所をこすり、次に水をかけてよく揉み、その後にその服全体を洗いなさい。そうすれば、その服を着て再び礼拝しても構いません」と言いました。

生理が長引いているのですが礼拝や断食はどうすればいいですか

Q

本来の生理期間が過ぎた後も生理が続いている女性は、どのように礼拝や断食を行うのですか？

A

まず、普段から生理期間が一定している女性について言いますと、こうした女性はその生理期間中、礼拝も断食も行ってはなりません。しかし、その期間が終了した後ならば、たまたま生理が続いていたとしても、入浴し、生理用品などを着用したうえで礼拝を行って下さい。預言者ムハンマドも、そのように語っています。

一方、普段から生理期間が一定していない女性、普段の生理期間が何日間かを忘れてしまった女性、出血が生理に起因するものなのか判別不能な女性の場合には、次のようになります。大半の女性の生理期間は６～７日間です。ですからこれらのケースに該当する女性も、生理開始から６～７日が経過した後は、出血が続いていたとしても「本来の生理期間が過ぎた後の期間」とみなして、入浴し、生理用品などを着用したうえで礼拝を行うことになります。

預言者ムハンマドは、このことについてある女性から質問された時に「出血が生理の血だった場合、血が黒いのですぐに生理の血だと分かります。だから出血した血が黒かった場合は、礼拝を行ってはいけません。血が黒くなかった場合、その血は血管が破れて出てきたものであり、生理の血ではありません。だからその場合には、浄めを行ったうえで礼拝を行いなさい」と述べています。

本来の生理期間が過ぎた後も生理が続いている女性についての諸規則は、まとめると以下のようになります。

①断食は他の人びとと同様に行う義務がある
②礼拝一回ごとに浄めを行う義務がある
③浄めは、礼拝時間が来てから行わないといけない。礼拝時間前に、前もって浄めを行ってはならない。
④浄めを行う前に陰部を洗うこと。ただし、洗い過ぎてはならない。そして汚れないよう、陰部にタンポンなどの生理用品を詰めること。

⑤断食期間でないならば、夫が希望した場合、夫婦間のセックスはしても構わない。
生理中の女性が清浄な状態の女性とはみなされないのと異なり、本来の生理期間が過ぎた後も生理が続いている女性は、清浄な状態の女性とみなされます。つまり、こうした女性はコーランを読んだりコーランに手を触れたり、コーランを持ち運んだりできるほか、それ以外の信仰に関わる様々な行為のすべてを行うことができます。

生理が有害だということを具体的に説明してください

Q. コーラン２章222節に「彼らは、生理についてあなたに質問するでしょう。『生理は有害です。だから生理中の女性からは離れていなさい』と、彼らに言ってやりなさい」と記されています。この文は、具体的にはどういう意味なのですか？

A
生理時の血液には、死んだ組織が含まれています。生理中の膣と子宮は、刺激された状態にあります。膣と子宮は、病原菌を繁殖させやすい非常にデリケートな部位です。生理中に夫婦がセックスした場合、その病原菌は男女双方に炎症を引き起こします。

生理は女性の力や体を弱めます。その証拠に、神は生理中の女性からは断食と礼拝の義務を免除しています。つまり、生理は女性にとって苦痛であり、重荷なのです。だから男性は、生理中の女性に無理な負担をかけてはなりません。

神は女性の子宮を創造し、そして女性の卵巣の中に卵子を創造しました。卵子の数は、神だけが御存知なのです。卵巣が卵子を排出する時、受精は行われていない可能性があります。そして子宮内部の血液組織のホルモン比率が低下した時、そのホルモンのおかげで血液組織は子宮内部にくっついていたので、その血液細胞ははがれ落ち生理が発生するのです。

生理の血は男女双方にとって有害です。コーランの一節にも、そのように記されています。生理は男性器を汚すこと、そして病原菌が男性器に到達した場合、男性が深刻な病気にかかる恐れのあることが、生理が有害である証拠です。

出産時の出血や流産と礼拝、断食、コーランの朗誦

Q 出産時に出血した女性は、どの程度の期間、礼拝や断食やコーランの朗誦《ろうしょう》を行わないのですか？　また、流産した女性は、出産後出血のある女性と同様に、流産後四〇日が経過していなくても、礼拝や断食を行うことが可能ですか？
さらに、流産直後の女性は食事を作ったりコーランを聞いたりしても構わないのですか？

A ここでの出産時の出血とは、出産が流産だった場合も含めて、出産が原因で女性から流れ出る血のことです。

出産時の出血期間は、具体的に何日間と決まっているものではありません。出産後に出血が続いている限り、その期間は長いか短いかに関わらず、〝出産時の出血期間〟です。

女性が出産後に出血が止まったならば、あるいは女性が出血なしに出産したならば、そ

れで出産時の出血期間は終了となります。出産時の出血期間が終了した女性は、他の清浄な状態にある女性と同様に、礼拝や断食などの義務を負います。

なお、出産時の出血期間は伝承により、最大四〇日間とされています。預言者ムハンマドの直弟子にあたるイスラム教徒の女性から、そのように伝わっています。女性は出産後に出血が止まったならば、それで出産時の出血期間は終了になるので、自分の体を洗い、礼拝を行います。一方、出産後四〇日を過ぎても出血が続いている場合について言いますと、大多数の学識者は「出産後四〇日を過ぎたならば、女性は出血が続いていても礼拝を行うべき」との説を採っています。

流産した女性については、流産後に出血が続いているかどうかで判断します。流産後40日以内に出血がやんだならば、その女性は浄めを行ったうえで、普通に礼拝や断食など信仰に関する行為を行うことになります。

一方、流産後四〇日が経過しても出血が続いている場合は、流産した日から四〇日後に浄めを行い、それからは出血が続いていても普通に礼拝や断食など信仰に関する行為を行うこととなります。流産後四〇日以上続く出血は、通常の出血ではありません。ですから、その出血のために礼拝や断食を行わないということにはならないのです。

また、流産後に出血が続いているため清浄な状態にはない女性でも、食事を作ることは問題ありません。出血が続いている女性も、日常生活に関わる仕事は普通に行って構わないのです。清浄な状態にない女性が食事を作ったり、家事を行ったりしたとしても、周りにいる人びとが汚れた状態になるわけではありませんから。

なお、出血が続いている女性は、コーランを聞くことは問題ありませんが、声を出してコーランを読んだり、コーランを手で持つことは禁じられます。

メッカ巡礼中には香水のかかった服は厳禁

Q. メッカ巡礼に来た女性が、カアバ神殿の周囲を回る儀式を行う直前に生理になった場合、どうすればいいでしょうか？　またメッカ巡礼中、女性はどのような服を着ればよいのでしょうか？

A!

血が周囲に流れ出ないように注意して、そのまま巡礼を続けて下さい。ただし、その後で贖罪行為として牛一頭を屠《ほふ》って下さい。お金がなくて牛一頭を屠ることができない場合は、代わりに断食を行って下さい。

メッカ巡礼中の服装については、普段通りの服を着ていて構いません。ただし、香水のかかった服は禁止されます。また、顔を隠したり手袋を着用したりすることも禁じられます。

神の教えに背くことについて妻は夫に従う義務はない

Q.

女性は、夫の許可なくメッカ巡礼に行ってもよいのでしょうか?

A▶ 女性がメッカ巡礼に行くのに夫の許可を必要とすることは、望ましいことではありません。夫が許可した場合に女性はもちろん巡礼に行きますが、夫が許可しなかった場合にも、女性は巡礼に行くでしょう。メッカ巡礼は、イスラム教徒全員の義務です。夫には、妻が信仰上の義務を実践するのを妨害する権利はありません。神の教えに背くことについて、妻は夫に従う義務はないのです。

巡礼は義務ですから、可能ならばできるだけ早期に行うべきです。なお、一度巡礼に行った女性が再び巡礼に行くことは、義務ではありません。ですから、既婚女性が二回目以降の巡礼に行く場合は、夫の許可を得る必要があります。

女性が礼拝する際体のラインが分かるような服はつつしむ

Q 女性はシースルーの服を着て礼拝を行っても構わないのですか？

A 女性が礼拝を行う際の服装は、体のラインが分かるような、きつめの服を着てはいけません。また、服の下が見えてしまうようなシースルーの服を着てもいけません。

女性は礼拝時に、体全体を覆い隠すような服を着用すべきです。

礼拝に専念できる専用服を着ていれば安心です

Q. たとえば、女性の礼拝中に風が吹いて上着がめくれてしまい、腕が服の外に出てしまったとします。その場合、すぐに腕を隠してそのまま礼拝を続ければよいのですか？　それとも、礼拝を最初からやりなおすべきですか？

A. 礼拝中に腕が服の外に出てしまった場合、すぐに腕を隠して、そのまま礼拝を続けなさい。そして、次回からは上着の下にも長袖を着るなどして、再びそのようなことがないよう気をつけなさい。

私が以前会ったモラルの高い女性たちは、女性の礼拝専用服をデザインしていました。この服は、女性の覆い隠すべき箇所をすべて覆い隠しています。ですから、女性はこの服を着れば余計なことを考えずに、落ち着いた気持ちで礼拝に専念することができます。

マニキュアをしていると浄めが爪に届きません

Q. 礼拝時の浄めを行う際に、爪にマニキュアを残したままだといけないのですか？　浄めを行うたびに、いちいちマニキュアを落とさないといけないのですか？

A. マニキュアは、落とそうと思えば落とせるものです。マニキュアをつけたままで浄めを行うと、浄めはマニキュアの下にある爪には届きません。マニキュアはヘンナのような染料とは違います。

マニキュアがヘンナのような染料ならば、落とそうとしても落とすことはできないはずです。マニキュアはマニキュア落としを使えば落とせますが、ヘンナはどれほど大量のマニキュア落としを使っても落とすことはできません。両者は大きく異なるものです。

結論を言いますと、浄めを行う際には、その度にマニキュアを落とす必要があります。

浄め（礼拝の） イスラムを読み解くキーワード

イスラム教では、人間は汚れた状態にある場合、礼拝前に浄めを行わないといけません。人間はセックス、（夢精や自慰行為などによる）精液の放出、生理（による出血）、大小便の排泄、放屁などを行うと、汚れた状態になったとみなされます。そこで浄めを行って、汚れた状態から回復するのです。

浄めのやり方ですが、おおざっぱに言うと、大小便の排泄や放屁などによって汚れた状態になった場合は、一定の順序に従って手足や顔などを洗います。

一方、セックス、精液の放出、生理などによって汚れた状態になった場合は、それに加えて陰部なども洗います（実際には、浄めの動作は、どのような順番で身体のどの部位を洗うかが、非常に細かく厳密に規定されています）。

女性が礼拝の呼びかけを行うのは罪であり禁止されている

Q. モスクから礼拝の呼びかけを行うべき時間に、その場に女性しか居合わせていなかったとします。このような場合には、女性が礼拝の呼びかけを行ってよいのでしょうか？　また、金曜日の正午に行われるモスクでの集団礼拝に、女性が参加する場合の規則はどうなっているのですか？

A. 礼拝の呼びかけを行う者は、男性に限ると定められています。男性しかイスラム法の裁判官やモスクの礼拝導師になることができないのと同様に、男性しか礼拝の呼びかけ人になることはできません。

女性が礼拝の呼びかけを行うことは禁止されています。そもそも、礼拝の呼びかけを行ってよいかという以前に、女性は大声をあげることを禁じられており、大声をあげると罪を犯したことになります。

一方、礼拝の呼びかけは、大きな声で行うものとされています。大きな声を出してはならない女性が、仮に小さな声で礼拝の呼びかけを行ったとすると、「礼拝の呼びかけは大きな声で行うもの」という慣行に背くことになります。私たちの父祖の時代にも、女性が礼拝の呼びかけを行ったことはありません。女性が礼拝の呼びかけを行うことは罪であり、禁止されています。

モスクで金曜日の正午に行われる集団礼拝に参加することは、女性の義務ではありません。ですから、女性が集団礼拝に出席してそこで礼拝を行った場合でも、それとは別に正午の礼拝を行う必要があります。女性が集団礼拝の場で行った礼拝は、一日五回の礼拝にはカウントされません。

昔の人びとは、「美しい女性が外出して集団礼拝の場に来ることは、人びとの争いの原因となり望ましくない」とか、「女性は、家の中で礼拝を行うことが一番望ましい」などと言っていました。しかしこれは、集団礼拝を行うモスクの中に女性専用スペースが設けられておらず、モスクで男女がきちんと分けられていなかった時代の話です。現在は、イスラム教について学ぶことを希望する女性のために、一部のモスクには女性専用スペースが設置されています。それゆえ、女性が集団礼拝に参加することは全く問題ありません。

夫婦が一緒に礼拝する場合
夫は礼拝導師となる

Q. 夫婦は一緒に礼拝してよいでしょうか？

A. はい、構いません。夫婦が一緒に礼拝する時は、妻は夫の一歩後ろに下がって礼拝して下さい。

夫婦で一緒に礼拝をする場合、男性である夫が礼拝導師を務めることになるので、夫が一歩前に立つのです。

あとがき

本書は、エジプトを中心とするアラブ諸国の様々な書籍、雑誌などに掲載されたイスラム法学者の人生相談Q&Aを、取捨選択のうえ、日本語に訳出したものである。学術的な研究書ではなく一般書として刊行される本書の性質に配慮して、訳出に際しては専門用語の使用を避け、できるだけ平易な日本語を用いた。また、原文の内容があまりに細部に入り込んでおり、読者にとって難解すぎると思われる箇所は、簡略化した上で訳出した。なお、本書を執筆する際に使用した資料は参考文献一覧にまとめてあるので、アラビア語のできる方で原文を直接読んでみたいと思う方は、そちらを参照して頂きたい。

人生相談Q&Aについて簡単に説明すると、一般のイスラム教徒は「現在直面している悩み事を、イスラム教徒として正しく解決したい」、「イスラム教徒として正しい人生を送りたい」、「イスラム教について、もっと詳しく知りたい」と思い悩んでいても、自分自身では適切な答えを見つけることができないことがしばしばある。そのような場合、彼らは学識あるイスラム教徒、イスラム諸学を修めたイスラム教徒に質問し、回答を求めるのだ。この、学識あるイスラム教徒、イスラム諸学を修めたイスラム教徒こそが、イスラム法学者である。

さて、イスラム法学者が一般のイスラム教徒からの質問に回答するという行為は最近始まったことではなく、中世から連綿として続いている（もっとも、西暦七世紀にイスラム教が誕生した当初はまだ預言者ムハンマドが存命中であるうえ、イスラム教徒が居住する地域もほぼアラビア半島内部に限定されていたので、イスラム教徒は何か問題や悩み事があった場合、預言者ムハンマドに直接質問して回答を得ることが可能だった。イスラム法学者がこの分野で活躍を始めるのは、預言者ムハンマドの死後しばらく時間が経った後のことである）。

このQ&Aは、もともと口頭か書簡を通じて行われていたが、通信手段が発達した今日では、それに加えて電話、インターネット上の掲示板やe-mailなども用いられている。そのため、米国在住のイスラム教徒からの質問に中東在住のイスラム法学者が回答するといった、国境を越えたQ&Aも数多く見られるようになった。

著名なイスラム法学者の中には、①まずテレビの宗教番組にて視聴者から生電話で寄せられた質問に回答し、②次にその質問と回答を自身が運営するホームページに掲載し、③さらにはその質問と回答をまとめて書籍として刊行する、という非常に多角的な活動をしている者もいる。このことからも明らかなように、Q&Aの内容は質問者と回答者の二人きりの秘密とされず、一般に公開されることが多い。これは、質問者と同じような疑問や悩みを持つ者がいた場合、同じ質問が繰り返されることを避ける狙いもあるのだろう。

質問に制約はないため、Q&Aにはありとあらゆる内容、分野のものが存在する。翻訳に際しては、膨大な数存在するQ&Aの中から、なるべくイスラム教徒ではない日本人の読者に関心を共有してもらえるものを選ぶよう心がけた。ただしその際、Q&Aの中で訳出対象から漏れてしまった分野が二つほど存在する。それは礼拝、巡礼などイスラム教の宗教儀礼における細かい具体的規則に関するQ&Aと、アラビア語に関するQ&Aである。

前者について言うと、たとえば礼拝時の一挙手一投足をめぐる質問は、そもそもイスラム教徒ではなく、したがって礼拝を行うこともない大多数の日本人読者にとっては興味を持ちにくいものと思われたので、訳出対象から省いた。後者について言うと、アラビア語の難解な単語の意味に関する質問は、アラビア語を理解する人以外には説明すること自体ほぼ不可能であり、本書はアラビア語を解さない人を主要読者として想定しているため、訳出対象から省いた。

ちなみに、アラビア語に関する質問をする人は、多くの場合、「アラビア語を純粋に外国語として学んだ、非アラブ人のイスラム教徒」ではなく、「アラビア語を母語とするアラブ人のイスラム教徒」である。アラビア語を母語とする人がアラビア語について質問する背景を言うと、アラビア語は文語と口語が大きく異なっており、現在の日本語のような言文一致の言語ではない。アラブ人が日常会話に用いる口語は、書籍の執筆に用いられる文語とは別物なのだ。そして、文語の単語数は非常に多い。イスラム教の聖典であるコーラン（預言者ムハンマドが伝えた神の言葉を編纂したもの）とハディース（預言者ムハンマドの言行を編纂したもの）は共に文語で記されているが、これらには数多くの難解な単語が含まれている。

他方、多くのアラブ諸国は今も教育の普及が遅れており、識字率は決して高くない（さらに言うと、一定の学校教育を受け、新聞程度ならば読むことのできるアラブ人にも、コーランやハディースを読んで完全に理解することは簡単なことではない。これは、現代語の読める日本人でも、古文を読むことができるとは限らないのと同じである）。そのため、聖典を独力で読んで理解することができないアラブ人イスラム教徒は無数にいる。しかし彼らは誠実なイスラム教徒として、聖典を正しく理解することを望む。そこに、アラビア語をめぐるQ＆Aが多数存在する理由がある。

なおセックスに関する話など俗っぽい話題が数多く収録されていることに、驚きや違和感を感じる方もいると思うが、このことこそが「現世と来世のあらゆる問題を取り扱う」というイスラム教の特徴を示している。こういった話題を積極的に扱うからこそ、イスラム教は生活に密着した宗教であり続けることができるのだ。

いわゆるイスラム原理主義が人びとの注目を集める現在においては「イスラム教は現世の問題を取り扱う」と言うと、政治制度や国家体制の話が連想されがちである。しかし現世の問題として念頭に置かれているものは、多くの場合、政治や国家をめぐる理論的な話よりも、むしろ人びとの生々しい日常生活なのだ。

ところで、本書は複数のイスラム法学者が回答した様々なQ&Aを一冊の本にまとめてあるが、質問者である一般のイスラム教徒が同一の質問をぶつけたとしても、回答者であるイスラム法学者が誰であるかによって、回答の内容は多少異なる可能性がある。本書はあまりに特殊な回答例は収録していないつもりだが、Q&Aの回答に記されている内容は、あくまで〝回答者であるイスラム法学者の個人的見解〟であり、〝イスラム教の絶対的な規則、唯一無二の回答〟ではないということを、念のため強調しておきたい。

たとえば、本書に収録されたある回答には「イスラム教徒の男性は、キリスト教徒やユダヤ教徒の女性と可能な限り結婚すべきではない」と記されているが、これに異論を唱えるイスラム法学者は一定数存在するであろう。もっとも、日本でも一部の新聞や雑誌に人生相談コーナーが連載されているので、「同一の質問に対しても、回答は回答者が誰であるかによって異なる」ということは、本書の読者も容易に理解できると思われる。

本書の読者は、回答にてコーランの文言が頻繁に引用されていることに気付かれたであろう。神の言葉であるコーランは、もちろんイスラム教の信仰の根幹だが、今もイスラム教徒は現実生活での問題に対する解決策を見つけ出す際、コーランをまず参照していることが、本書を通じてよくお分かり頂けたと思う。

最後に、本書を刊行する意義について記したい。イスラム教に関する本は、既に我が国で多数出版されている。しかし、その多くは日本人研究者が執筆した概説書、解説書の類である。他方、聖典であるコーランと主なハディースを除くと、アラビア語の一次資料が日本語に訳された事例は非常に少ない。

つまり、イスラム教に関する多数の書籍が出版されている一方、イスラム教徒の生の声は今も日本にほとんど届いていないのが実情だ。そうした現状にほんの少しでも風穴を開けてみたいというのが、本書の刊行動機であり、また意義でもある。

本書の上梓にあたっては、太陽出版の籠宮良治社長、編集者の重松英樹氏、本書執筆のお話を紹介して下さった明治学院大学の大川玲子先生、資料収集を手伝って下さった上智大学大学院生の三代川寛子さん、草稿に目を通して下さった神田外語大学の菊地達也先生、そして私が長年学んだ東京大学イスラム学研究室の先生方に、大変お世話になりました。心よりお礼を申し上げます。

〈参考文献〉

al-Albānī, Muḥammad Nāṣir al-Dīn *et al.*, *Fatāwā al-Mar'ah al-Muslimah* (Manṣūrah, 2003).

al-Albānī, Muḥammad Nāṣir al-Dīn, *al-Ḥāwī min Fatāwā li Shaikh al-Albānī*, 2 vols (n.p., n.d.).

Bin Bāz, 'Abd al-'Azīz and Muḥammad ibn Ṣāliḥ al-'Uthaimīn, *Fatāwā al-'Ulamā' li al-Nisā'* (Alexandria, 1997).

al-Qaradāwī, Yūsuf, *Fatāwā Mu'āṣirah*, 3 vols (Kuwait, 2004).

al-Sha'rāwī, Muḥammad Mutawallī, *100 Suāl wa Jawāb li al-Mar'ah al-Muslimah* (Cairo, 2001).

al-Sha'rāwī, Muḥammad Mutawallī, *200 Suāl wa Jawāb fī al-Fiqh al-Islāmī* (Cairo, 2001).

al-Sha'rāwī, Muḥammad Mutawallī, *Fatāwā* (Cairo, n.d.).

al-Sha'rāwī, Muḥammad Mutawallī, *Fatāwā al-Nisā'* (Cairo, n.d.).

al-Sha'rāwī, Muḥammad Mutawallī, *Fiqh al-Mar'ah al-Muslimah* (Cairo, 1998).

al-Sha'rāwī, Muḥammad Mutawallī, *Suāl wa Jawāb wa Naṣā'iḥ Dhahabīyah fī al-Tarbiyah al-Islāmīyah* (Cairo, 1993).

（上記の書籍の他、アラビア語新聞や雑誌多数の人生相談コーナーも参照した）

イスラム世界の人生相談

訳者略歴

西野正巳（にしの・まさみ）

1975年、富山県生まれ。1998年、東京大学文学部思想文化学科イスラム学専修課程卒業。2001年、東京大学大学院人文社会系研究科アジア文化研究専攻イスラム学専門分野修士課程修了。この間、1996年から2001年まで、エジプトの首都カイロと東京を数カ月ごとに往復する二重生活を送る。2004年、東京大学大学院人文社会系研究科アジア文化研究専攻イスラム学専門分野博士課程単位取得。その後、日本学術振興会特別研究員を経て、2006年４月現在、東海大学と法政大学で講師（非常勤）を務めるほか、翻訳家、またテレビ局の通訳としても活躍中。
主な論文に『サイイド・クトゥブの社会論』（「日本中東学会年報」第17-1号）、『サイイド・クトゥブの生涯』（「イスラム世界」第58号）など多数。

2006年４月20日　第１刷

［編訳者］
西野正巳

［発行者］
籠宮良治

［発行所］
太陽出版

東京都文京区本郷4-1-14　〒113-0033
TEL 03(3814)0471　FAX 03(3814)2366
http://www.taiyoshuppan.net/
E-mail　info@taiyoshuppan.net

表紙・本文イラスト＝宮島弘道　装幀＝田中敏雄(3B)
［印字］ガレージ［印刷］壮光舎印刷［製本］井上製本
ISBN4-88469-462-7